许仕廉 著

中国人口问题

百年中国社会学丛书

北京大学社会学系 编

商务印书馆
The Commercial Press

本丛书由北京大学余天休社会学基金提供出版支持。

百年中国社会学丛书

总　序

中国社会学的发轫，起于变法维新与共和鼎革之际。先是康有为经由经学革命而提出的"大同说"，后有章太炎通过再造历史民族而确立的"正信观"，为这场现代思想变革的底色。而康、梁所倡导的"合群立会"主张，或是严复借移译西学而确立的群学思想，则是由西学东渐而来的另一层底色。

现代中国所经世变之亟，社会学之为新学，形成伊始便承担着综合学问的角色。章太炎先生说："人类有各种学术，则有统一科学之二法。其一，欲发现一切科学之原理，而据此原理，以综合一切科学者，是为哲学之目的，此所以称科学之科学也。其二，欲测定复杂之程度，而使一切科学，从其发现之早晚而排列之，是为社会学之任务，此所以亦称科学之科学也。"（章太炎译《社会学》）严复先生主张"以群学为纲"，认为"群学之目，如政治，如刑名，如理财，如史学，皆治事者所当有事者也。"（《西学门径功用》）

由此可见，从百余年前中国社会学发生以来，即确立了上接中国经史传统、下融西方科学观念，上识国体、下察民情的基本精神，不仅作为引入和融合各种思潮学说的桥梁，而且为各个学科提供了可资借鉴的概念和方法。百年间，社会学也曾伴随现代中国曲折前行的道路，经历有多变的命运。

从民国时期社会学的诞生，到20世纪70年代末社会学的恢复重建，北京大学在社会学学科发展上始终产生着重要影响。如今的学科体系，汇合有1952年院系调整之前北京大学和燕京大学的两大学术传统。民国期间北京大学虽未有社会学的系科建制，但李大钊、陶孟和、梁漱溟等先生一直通过课堂教学和政治实践传播社会学思想。燕京大学则学科设置齐备，前有步济时、甘博等国外社会学家的贡献，以及吴文藻、杨开道、杨堃等第一批中国社会学家的开拓性工作；后有李安宅、林耀华、费孝通和瞿同祖等学者发扬光大，由此奠定了中国现代社会科学史中最具学术创造力的"燕京学派"。改革开放以来，雷洁琼、费孝通和袁方等先生为北京大学社会学系的复建和社会学人类学研究所的成立，倾注了毕生心血，为后人留下了宝贵的学术遗产。

北京大学社会学前辈始终致力于社会学"中国化"的事业。无论是马克思主义学说的传入和践行，还是乡村建设运动的展开；无论是基于中国社会本位的社区研究及实验，还是有关中国文明传统及其历史变迁的探究；无论是对于中国边疆区域的田野考察，还是关于中华民族多元一体的理论构建；无论是对美国芝加哥学派的借鉴，还是对法国"年鉴学派"的引进，无不被纳入社会学家的视野之中，并真正为代代后学培育了立国化民的社会关怀感和学术使命感。时至今日，世界历史有了新的图景，中国文明也迎来了复兴的时代。今天的社会学家不仅需要有宏阔开放的眼光，需要细致观察社会生活变化的点点滴滴，更需要不断追溯以往，去重新领悟先贤们的智慧和胸怀。

诚如费孝通先生所说："从宏观的人类文化史和全球视野来看，

总　序

世界上的很多问题，经过很多波折、失误、冲突、破坏之后，恰恰又不得不回到先贤们早已经关注、探讨和教诲的那些基点上。社会学充分认识这种历史荣辱兴衰的大轮回，有助于我们从总体上把握我们很多社会现象和社会问题的脉络，在面对人类社会的巨大变局的时代，能够'心有灵犀'，充分'领悟'这个时代的'言外之意'。"（《试谈扩展社会学的传统界限》）

为传承中国社会学的学术传统，推进中国社会学的未来发展，北京大学社会学系编纂出版"百年中国社会学丛书"，通过系统整理以北京大学和燕京大学为主的前辈学人的研究成果，全面呈现中国社会学百年以来所确立的学科范式、视角、概念和方法，以飨读者。

因丛书所收篇目部分为 20 世纪早期刊印，其语言习惯、遣词造句等有较明显的时代印痕，且作者自有其文字风格，为尊重历史和作者，均依原版本照录；丛书底本脱、衍、讹、倒之处，唯明显且影响阅读者径改之，不出校记；数字、标点符号的用法，在不损害原义的情况下，从现行规范统一校订。特此说明。

北京大学社会学系
2018 年 7 月

序

人口是社会与国家的原料,是文化与财富的生产者,所以要研究各种社会问题、经济问题、政治问题、教育文化问题,必从人口入手。杜佑《通典》曰:"古之为理,在周知人数,乃均其事役,则庶功以兴,国富家足,教从化被,风齐俗一。夫然后灾沴不生,悖乱不起。"我国人历来对于人口问题之不忽视,于此可见。

科学的人口调查,始自美国。一百四十年前,美国实行宪政,采取代议民治政体(representative democracy),要以中央政府的下议院每一议员直接代表人口若干。所以选举之前,不可不知各地的人口总数及人口变迁情形,于是定期的人口调查,乃为法律所明定。

中国人口,占世界人口总数四分之一,中国人口的变迁,与世界大势,有很大的关系;故中国人口问题,不独是中国的问题,而且是世界的问题。可是该问题的本身虽如此重要,而关于中国的人口,至今还没有精确统计的事实。本书所讨论的,当然有限,不能详尽,我希望读者能够进而研究人口科学,并实地考察中国人口的各方面。也希望中国政府,能够设立人口调查局,作专门的研究。

本书内容,是我在北京燕京大学所讲的"中国社会问题"的一部。我的"中国社会问题"一科分人口、种族、贫穷、工业及劳工、家庭、犯罪及恶习、乡村、社会不宁、社会运动及社会改造思想十部。我相信人口问题，是中国一切社会问题的根本问题；所以我的"中国社会问题"，从人口问题讲起；因讲稿过长，材料过多，先将第一部讲稿，整理清楚出版。我应感谢北京经济讨论处的编辑先生，与戴乐仁（J. B. Taylor）、陈达、黄子方、甘布尔（S. D. Gamble）、李景汉诸同事和听讲同学，我平日研究和搜集材料，他们帮助我的地方不少。

我以本书贡献于美国一位最亲爱的老师和朋友，爱屋瓦大学政治学系主任单波博士（Dr. Benjamin Franklin Shambaugh）。

中华民国十七年一月

目 录

第一章　中国人口论调与人口公例 ································· 1
　（一）过剩主义派与民族主义派 ································ 1
　（二）人口公例 ·· 3
　（三）评马氏人口论 ·· 5
　（四）人口土地与社会所发生的关系 ···························· 8

第二章　研究中国人口材料与人口增加率问题 ······················ 12
　（一）研究中国人口的材料 ··································· 12
　（二）中国人口总数及其增减历史　到底人口是多少咧？ ········· 15
　（三）中国人口与各国人口增加率比较 ························· 19
　（四）黄白种之将来 ··· 24

第三章　中国人口密度问题 ······································ 28
　（一）中国土地面积与人口密度 ······························· 28
　（二）中国人口及土地面积与世界人口及土地面积比例 ··········· 31
　（三）耕地的人口密度 ······································· 32
　（四）中国乡村的人口密度 ··································· 33
　（五）中国人口的地理分布 ··································· 35
　（六）城乡人口之分布 ······································· 36

第四章　生产率与死亡率 ································· 40
（一）几个调查与估计 ································· 40
（二）中国生产率及死亡率与各国生产率及死亡率比较 ······ 42
（三）中国高死亡率与生产率原因 ······················· 45
（四）中国之平均人寿 ································· 49

第五章　中国人口之性比例及年龄分配 ················· 52
（一）人口之结构 ····································· 52
（二）人口之性比例 ··································· 52
（三）中国人口的生产性比例 ··························· 53
（四）中国人口的性比例 ······························· 55
（五）年龄分配 ······································· 57
（六）中国人口年龄分配 ······························· 58
（七）年龄与生产 ····································· 62

第六章　中国人口之婚姻状况及职业分配 ··············· 64
（一）中国家庭制度与婚姻状况的关系 ··················· 64
（二）人口中已婚的百分数 ····························· 65
（三）种族效能 ······································· 68
（四）职业的分配 ····································· 70
（五）职业的效能 ····································· 72
（六）职业分配 ······································· 73

第七章　中国人口之迁徙 ····························· 77
（一）人口迁徙种类 ··································· 77
（二）中国人口移殖原因 ······························· 78
（三）中国人口之北迁 ································· 79

- （四）中国人民之海外移殖 ······ 82
- （五）海外殖民政策之变迁 ······ 83
- （六）海外移殖性质及华侨总数 ······ 84
- （七）移殖对于本国社会影响 ······ 86
- （八）华侨在国外地位 ······ 87

第八章 中国境内的外国侨民 ······ 89
- （一）居华外侨之缘起 ······ 89
- （二）优待外侨的政策 ······ 90
- （三）在华外侨之增加 ······ 91

第九章 中国人口的品质问题 ······ 96
- （一）质与量的问题 ······ 96
- （二）遗传与文化 ······ 96
- （三）中国古代的民质 ······ 98
- （四）今日民族的弱点 ······ 99

第十章 解决中国人口问题的方法 ······ 101
- （一）中国的人口问题 ······ 101
- （二）解决人口问题办法 ······ 103
- （三）优生运动 ······ 104
- （四）殖边运动 ······ 105
- （五）公共卫生运动 ······ 107
- （六）论生产节制 ······ 108

第十一章 补论 ······ 111
- （一）一九二六年邮局人口估计 ······ 111
- （二）山西人口调查 ······ 113

旁注号数 …………………………………………………………… 117
关于人口问题参考材料 …………………………………………… 123
　　（一）书籍 ………………………………………………………… 123
　　（二）杂志论文 …………………………………………………… 125

图　目

第一图　在固定土地内人口关系 …………………………………… 9
第二图　人口与土地增减情形 ……………………………………… 10
第三图　中国人口与世界各国人口增加数比较 …………………… 18
第四图　一八〇〇年至一九一〇年欧美各大国人口增加图 ……… 22
第五图　中国人口及土地面积与世界人口及土地面积比例 ……… 31
第六图　北京教会一二七二人口男女及年龄分配百分数 ………… 60
第七图　依一九二〇年调查美国人口年龄及男女分配百分数 …… 61

表　目

第一表　　中国近一百八十二年人口增加率（rate of increase）表 …… 17
第二表　　英格兰及威尔士每十年人口增加百分率 …………………… 19
第三表　　自一七九〇年至一九二〇年美国人口总增加率及
　　　　　自然增加率估计 ……………………………………………… 20
第四表　　日本人口每千增加率表 ………………………………………… 21
第五表　　甘布司人种增加率估计 ………………………………………… 23
第六表　　各国人口加倍所需年数 ………………………………………… 23
第七表　　二十二省人口加倍年数 ………………………………………… 24
第八表　　英格兰威尔士生命指数 ………………………………………… 26
第九表　　中国土地面积各家估计 ………………………………………… 28
第十表　　中国人口密度（邮局一九二三年调查）……………………… 29
第十一表　中外人口密度比较表 …………………………………………… 30
第十二表　中国与各国人口及土地分配比较表 …………………………… 32
第十三表　中国与各国耕地每方英里人口密度表 ………………………… 33
第十四表　直隶山东浙江江苏安徽各省乡村人口密度 …………………… 34
第十五表　中国人口城乡之分布 …………………………………………… 37
第十六表　美国一九二〇年城乡人口分配表 ……………………………… 37
第十七表　日本城乡人口分布表（一九二五年）………………………… 38
第十八表　英属印度人口之生产率死亡率及存余率 ……………………… 43

第十九表	各国人口生产率及死亡率比较	43
第二十表	各国婴孩死亡率表	44
第二十一表	一八七〇年至一九二〇年英格兰及威尔士生产率死亡率及婴孩死亡率减低情形	45
第二十二表	各国生命预期年龄表	50
第二十三表	欧洲各国生产性比例及婴孩死亡率性比例表	53
第二十四表	进定退人口之年龄百分比例表	58
第二十五表	美国人口年岁分配百分数	58
第二十六表	中国人口年龄分配举例	59
第二十七表	欧洲各大国正当职业人口百分数	71
第二十八表	各国工人生产效能比较表	72
第二十九表	美国人口职业分配之百分率	74
第三十表	英法德意比人口职业分配情形	74
第三十一表	英属印度人口职业分配表	75
第三十二表	海外华侨各种估计	85
第三十三表	一八九〇年在华外侨总数	91
第三十四表	一八九八年在华外侨总数	92
第三十五表	民国元年至民国十四年旅华外侨国别人数表	93
第三十六表	一九一二至一九二五年在华外国商行总数	95
第三十七表	依邮局估计一九二三年及一九二六年人口总数表	111
第三十八表	一九一二年至一九二〇山西人口增加率表	114
第三十九表	山西人口中一九二〇年婚姻年龄百分数	114
第四十表	山西人口生产率死亡率及自然增加率表	115
第四十一表	山西人口年龄分配百分数	115
第四十二表	一九二〇年山西人口职业分配表	116

第一章　中国人口论调与人口公例

（一）过剩主义派与民族主义派

关于中国人口问题，大概有两种意见。第一种主张从速增加中国人口，以抵御列强人口压力之侵入。第二种主张从速实行生产节制，根本解决现在国内以人口压力所发生种种社会经济的痛苦。前者意见，应以孙中山先生为代表。孙氏在《民族主义》内说往日中国民族繁众不受异国的政治力及经济力的压迫。但百年来，中国人未见增加；而美国人口增加十倍，英国三倍，日本三倍，俄国四倍，德国两倍半，法国四分之一倍。百年之后，中国人将寡不敌众，被异族人侵略，有亡国灭种之祸。所以要救中国，不可不增加中国人口。

孙氏说："用各国人口的增加数，和中国的人口来比较，我觉得毛骨悚然。譬如美国人口，百年前不过九百万，现在便有一万万多。再过一百年仍然照旧增加，当有十万万多。中国人时常自夸说我国人口多，不容易被人消灭，在元朝入主中国以后，蒙古民族不但不能消灭中国人，反被中国人同化。中国不但不亡，并且吸收蒙古人。满洲人征服中国。统治二百六十多年，满洲民族也没有消灭中国，反为汉族所同化，变为汉人，像现在许多满人都加汉姓。因为这个原故，许多学者便以为纵让日本人或白人来征服中国，中国人只有吸收日本人或白种人的，中国可以安心罢！殊不知百年之后，美国人口可加到十万万，多过我国人口两倍半……如果美国人来征服中国，那么百年之后十个美国人中只掺杂四个中国人，中国人要被美国人所同化。诸君知道中国人四万万，是什么时候调查得来的咧？是满清乾隆时候调查得来的，乾隆以后，没有调查。自乾隆到现在，将及二百年还是四万万人。百年之前，是四万万；百年之后，当然也是四万万！"（注一）

孙氏又说："就现在全世界的土地与人口比较，已经有了人满之患。像这次欧洲大战，便有人说是'打太阳'的地位；因为欧洲列强，多半近于寒带，所以起战争的原故，都是由于互争赤道和温带的土地，可以说是要争太阳之光！中国是全世界气候最温和的地方，地产顶丰富的地方，各国人所以一时不能来吞并的原因，是由他们的人口和中国的人口比较，还是太少。到一百年以后，如果我们的人口不增加，他们的人口增加到很多，他们便用多数来征服少数，一定要吞并中国人口。到了那个时候，中国不但是失去主权，要亡国，中国人并且要被他们民族所消化，还要灭种！"（注二）

人口过剩派的意见　第二派人的意见，是为马尔塞斯的人口公例所影响。（注三）以为中国社会所发生一切罪恶痛苦……极贫、疾病、高死亡率、内乱、革命、盗匪、犯罪、饥荒、水灾、旱灾、低生活程度等……都是内地人口过稠食物不足的自然结果。要根本解除这些痛苦，必从生产节制做起。这派人注意于人口增加与人生幸福的关系，而'民族主义派'注意于人口增加与民族生存竞争的关系。人口过多，确是不错，即中山先生也说："就现在全世界的土地与人口比较，已经有了人满之患。"但若中国人实行生产节制，减少人口，能不能抵抗列强的人口压力咧？能不能在世界上争一块立脚地咧？若生生不已，而食物的供给不足，压力既甚，死亡战争，病疫穷困，和其他一切天灾人祸，纷至沓来，中国社会，永不安宁，四百兆人，沉沦地狱，到底有没有解决方法咧？要答复这个问难，我们先讨论人口公例，再详细研究中国情形。

（二）人口公例

所谓人口公例，系十八世纪之末，马尔塞斯（Robert Malthus）所倡。马尔塞斯，一七六六年生于英国，少习哲学及神学于剑桥大学（Cambridge University）。一七八八年毕业，得荣誉奖，旋即为耶稣学院（Jesus College）之研究员（fellow）。马氏离剑桥后即在其所生长地任牧师。一七九九年与著名旅行家克拉克（Daniel Clarke）同游欧洲大陆，时适神圣同盟军与法国开战，全欧鼎沸，马氏所能游历者甚少，仅至瑞典、挪威、芬兰，及俄国而止。一八〇二年阿面（Amiens）和约成立，马氏始获游法国、瑞士，及其他前次未历各地方。一八〇五年，为伦敦附近海勒保利（Haileybury）东印度公司大学之史学及经济学教授，一八三四年卒于巴嗣（Bath）。

在马氏之前，重商主义盛行，常认人口稠密，为国家富庶之征；故其时欧洲列国，均极力设法以奖励人口之增加。如普鲁士王佛利得利克（Frederick）缩短男女丧期。女子丧夫九月，男子失妻三月，得再结婚；更改良民法，以便利结婚之程序。或如德国各城，以结婚为任公职之必要条件；或于产生多子时，得给以定额之奖励金；诸如此类。其后重农学者及亚丹斯密（Adam Smith）虽不以政府干涉人口之增加为然，然均以广土众民为富强之基。迨十八世纪之末，法国适当革命之秋，赋重民贫，游手徒食之人甚众。英国则农业凋敝，地力之所出，不足以供给过剩的人口。加以工业革命方在酝酿，失业、病因、疾疫，及骚动之事，时有所闻。因此种种，忧时之士，乃倡为社会主义，或共产主义，种种计划，以图拯济斯民。而在英国则重以救贫法律（poor law）施行之未善，而有奖励游惰之弊。于是英人葛德温（William Godwin）于一七九三年，著《政治正义及其影响于道德与快乐之研究》（*Enquiry Concerning Political Justice and Its Influence on Morale and Happiness*）一书，谓人性本善，徒因政府（葛氏以"政府为必需之害物""Government is a necessary evil"）干涉之故，始致民生之憔悴。其论人口，谓人民之增多，全由各国人口政策所致，尤以救贫法为其最要之原因。盖贫民得社会之救助，必失自制之心；虽无善育之能力，而每致子女之滥产也。此论一出，喧动全欧，马尔塞斯之父尤赞其论。独马尔塞斯不以为然。乃于一七九八年发表其著名之人口论，题曰"人口律及其将来改进社会之影响"（*An Essay on the Principle of Population and Its Affects on the Future Improvement of Society*）。谓人口问题，是一切社会问题的根本问题；依天然的人口趋势（tendency of population），其增加较之赖以生存之物质之增加为速，盖人口之增加，为几何律（注四），而食物之增加，仅数学律（注五）。因此人口对于食物之压迫，将日甚一日；若各国不设预防方法（preventive agencies）以自制其人口之过多，其社会将发生种种天然的或积极的阻遏（natural or positive checks），使人口之数与物质之量复归于平衡，其所谓预防方法（即人为方法）分为两种，第一为道德的及理性的生产节制，如迟婚及节欲的，第二为不道德的避孕。积极方法（即天然方法）包括一切天灾人祸，罪恶痛苦，如战争疾病灾荒刑犯等等。马氏又谓如人类实行预防方法，则可免自然方法的痛苦。

（三）评马氏人口论

马氏的人口公例，本于二论据的假定：

一、食物为人类生存所必须；

二、男女性欲将永无变更。

由是而得第三论据，即人口孳生之能力，远较土地生产食物之力为巨。不过食物之增加率，不必如马氏所言，限为数学律。荒地可以开拓，新地可以发现；科学发达，农夫可以改用新法增高出产。同时以前所未知的自然力，如水电等，可以利用。凡此种种，使二百年来，文明各国食物数之增加，非常迅速。

同时人口之增加，亦未必为几何律。反之现有两种学说颇与马尔塞斯之主张有出入：（一）生物学上的理论（biological argument），（二）社会经济上的理论（socio-economic argument）。生物学上之理论，谓愈复杂愈文明之人类其生殖力必愈减，并以上流社会家口较少，及美国新英格兰不孕妇女之增多为证。此说为社会学者，斯宾塞尔（Herbert Spencer）所倡，斯氏谓"生物愈低下，生育愈多；愈高等，生育愈少。是故人类之生育，远少于下等动物之生育；文明人之生育，复少于野蛮人之生育。其间颇有至理。下等生物，所需以养生之物少，生命短，而死亡多；且父母罕尽保养之责，故贵乎多生，以存其种类。人类所需养生之物多，寿命长，而死亡率低；且善抚其子女，故无贵乎多生。惟下等生物生育多，而生命短，故生育之外无事功；惟人类生育少，而寿命长，故有余力以肇起人文，创造世界。反之，人类愈演进，事业愈繁赜，用脑愈多，生育亦自然减少"云云。至于经济上之理由，则谓因一般社会上及经济上种种原因之结果，家口之大小，往往与财富成反比例。极贫阶级，常视儿童为将来赚取生活之人，不特谓其为己身工作之助手，且将赖之以为暮年菽黍之所资，故常欲多生子女。上级社会，时因教育之需要，与社会地位维持之必要，往往不肯冒昧结婚，其结果即防止子孙之众多。在富庶之国，其人民生活复杂，往往不愿有子孙众多之累；宁愿如意以教育少数之儿童，而不欲草率以教育多数之儿童。故儿童之数，常因而减少。欧美各大城之产率不及乡村之高，即为其例。

马氏人口论最可注重之点，即人口之增加是否较速于食物？食物之限制因新地开采，工业发达，农法改良，因尽有伸缩余地。但现在世界，已再无可发现的美洲大陆。近百年来欧洲倚赖美国食物之供给；欧战以后，美国因人口之增加，食物之输出已大大减少矣。其他新国，不久将有同样情形之实现。又工业的制造品虽可交换食物，但不能作食物以充饥，故工业品不能交换时，则有出产过剩之险。农法尽可改良，土地终必受报酬递减公例（law of diminishing return）的支配。又有人说，今日的贫穷、疫病、战争、灾荒，及其他痛苦，由于经济物分配之不平均；如能实行社会主义或共产主义，改变财富之分配，即可以解决一切困难，殊不知世上无有充分可分之物，即实行共产或均产；经济的生产有限，而人口增加不已，也是要回到马氏的学说的。

不过近年来发生种种新原因，减低人口之生产。第一为新女性运动的提倡，缩小家庭，提高婚姻年龄，女子主张经济独立。第二为社会文化发达，经济欲望加高，使许多人不愿有子女。第三生产节制的人为方法，已渐普及；第四为优生运动之提倡，使社会渐注重于人口的品质。这都是马氏初志所未料及。总之人口问题之全体，非仅为人口多寡之问题，凡人口之品质，经济之效率，与分配之平均，皆在其中。换言之，非独人数之问题，盖亦财富与优生之问题也。

人为最重要之劳动力"设诸事相当"（ceteries paribus），人口愈众，其国力必愈强。"若诸事不相当，"则将适得其反。盖人口少而财富之分配得法，社会组织完善，实优于人口多，分配不得法，社会组织不完善的国家。故民族主义派与马尔塞斯派，所持意见，表面上虽直接冲突，实则互相表里。世界人口过多，引起民族的生存竞争，若不节制生育，世界人口问题将永无解决之日，而帝国主义及军阀主义，亦将永久存在。中国人为抵制外患，保全自己生命起见，恐将寡不敌众，不得不主张加多人口。但若"诸事不相当"，人口多亦无用，众反不能敌寡。民族主义派注重团体实力，马尔塞斯派注重个人价值。苟个人价值低微，团体实力必不充足。团体实力不充足，个人亦不能图存。所以谋社会建设，二派学说，不可不融会贯通，既如此，必把人口问题的各方面详细讨论。

（四）人口土地与社会所发生的关系

今假定土地为固定的，在固定土地内，人口大小，所发生的关系，有下列几个法则：

一　如土地与人口比例适当，人口不多不少，则该人口的生活程度加高，而社会文化必充分发达。所谓"生活程度"（standard of living）是指一群人口为谋精神上物质上的发展的日常需要而言。

二　在人口过多或人口过少情形之下，社会文明及生活程度减低。

三　在过剩人口情形之下，必发生马尔塞斯所称的"社会罪恶及痛苦"（social vice and misery），如战争、饥荒、疾病、贫穷，及刑犯等。此社会罪恶及痛苦与过剩人口之增减成正比例。

四　生活程度高则社会文化高。反之社会文化优良，其生活程度必高超；故两者增减成正比例。

五　在过稀人口情形之下，必发生文明停滞现象。因人口少，劳力缺乏，财富不能开辟，文化无人创造。故生活程度低微，社会文明不进步。过稀之人口与文化之停滞成正比例。而过稀人口之多少与生活程度及社会文化之减低成反比例。

以上所举人口法则，用图表示，较为明晰。第一图假定土地为恒数（constant）；人口，生活程度，及文明（即科学哲学制造建设等）为变数（variable）。在一土地面积内（第一图甲）有不多不少的人口，其生活程度便极高，而社会文化亦充分发达。

依第一图（乙）在人口过剩情形之下：

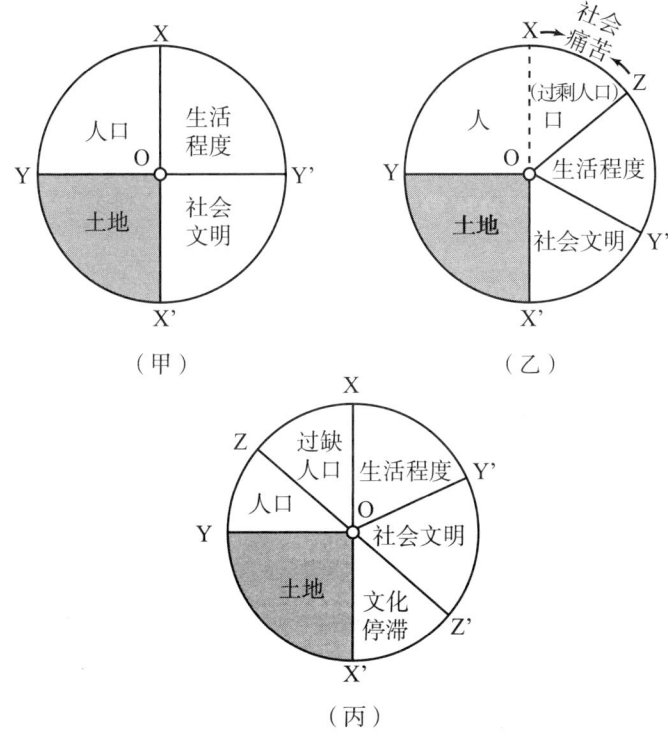

（甲）　　　　　　　　（乙）

（丙）

第一图　在固定土地内人口关系

（一）社会痛苦之量等于人口过剩之量，即 XOZ 等于 ZOY（实在人口）减去 XOY（适当人口）。

（二）人口过剩之量之加减，与生活程度及社会文明之加减成反比例。即多一定量过剩人口，在适当生活程度及适当社会文明内减去该定量。在第一图（乙）有 XOZ 过剩人口，故必以第一图（甲）XOY' 及 X'OY' 内减去 XOZ 之量所余的为第一图（乙）的 ZOY' 及 X'OY'。

（三）生活程度之量，与社会文明大小相等即 ZOY' 等于 X'OY'。

依第一图（丙）在人口过稀情形之下：

（一）XOZ与X'OZ'相等，即过缺人口与文化停滞其伸缩成正比例。

（二）既有过缺人口XOZ，在适当的生活程度及适当的社会文明（即第一图甲之XOY'及X'OY'）内减去与XOZ同等之量（即第一图丙之X'OZ'），结果为XOY'及Y'OZ'。

（三）XOY'及Y'OZ'大小相等。

若以土地、人口、生活程度及社会文化四者，都为变数（variable）必发生以下结果（见第二图）。

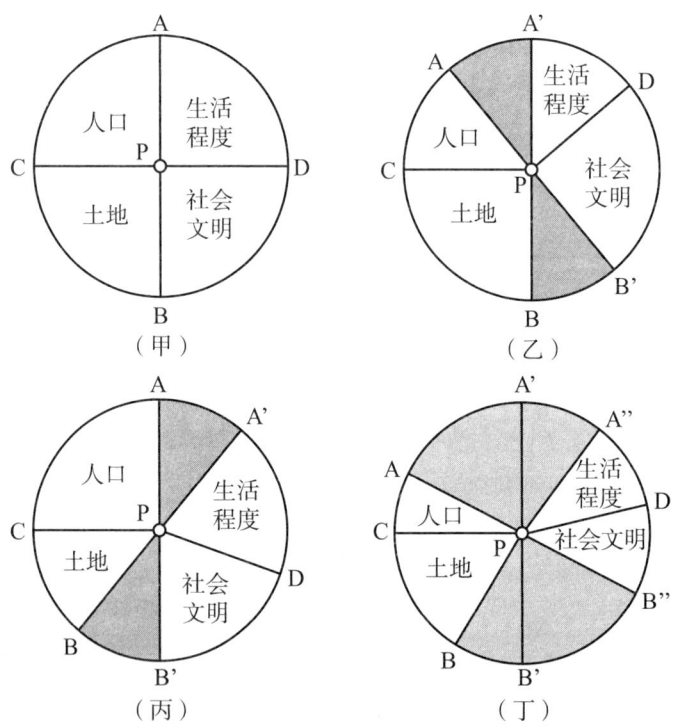

第二图　人口与土地增减情形

（一）第二图（甲）人口与土地分配适当（两者不大不小），则生活程度及社会文明优尚。APC，APD，BPC，BPD 均相等。

（二）第二图（乙）如人口过少，则生活程度及社会文明，因之减低。其减低量 BPB' 与人口过缺量 APA' 相同。

（三）第二图（丙）如土地过少，或人口过多，则生活程度及社会文明亦减低。假设土地过少量或人口过多量为 BPB'，生活程度与社会文明之减低量相同，故 APA' 等于 BPB'。

（四）第一图（丁）如人口过少，同时土地亦过少，生活程度及社会文明，受两层的减低。所以余的只 A''PB，该社会极不发达了。

第一图及第二图，可知社会四要素，即人口、土地、生活程度及社会文明，互有至密切关系，可从人口，测量其他三项，而定该社会生存竞争之价值。故要讨论中国一切经济、社会及政治问题，必根本从人口问题入手！

第二章　研究中国人口材料与人口增加率问题

（一）研究中国人口的材料

研究中国人口，最大的困难，就是没有确实可靠的人口调查。不但没有欧美日本已举办的定期人口统计（census），即比较确实的间接材料，如户数、家屋数、纳税人数等都没有。现有关于中国人口的数目，都是出自估计（estimate），这些估计，无论出自外国人或中国人之手，都不敢说是确实可信的。譬如一九一〇年的人口（十八省），民政部的报告为 331,188,000，邮政局调查为 438,425,000，两者相差近一万万！虽然，中国人口的材料，不出下列数种：

（甲）前清民政部调查及以前其他政府调查　我国周代，即有户籍、编审；按《周礼》，"司民掌登万民之数，自生齿以上，皆书于版"。自汉迄于唐宋以后，历代俱有户籍之法制；关于户口概数，《文献通考》《续文献通考》《困学纪闻》《二十四史》等均有记载，但此项记载，甚不可靠。自周之成康至明之成化，中国人口由千三百七十万增至六千万；三千年之久，增加数，只四千七百万人。自明末至今，不过三百年，便增加四万万之多，故大有可怀疑之点。所以论中国人，多始于明之"里坊厢制"及乾隆时代之"保甲制"。《乾隆会典》解释里坊厢制云："凡编审直省户口，以五年为期，州县官通稽境内民数，每百有十户，推丁多者十人为长，余为十甲，甲系以户，户系以口，编为一册。城中曰坊，近城曰厢，在乡曰里。"大概里坊厢制户籍以赋役为主，其记载以家为单位，不是以人为单位，因重血统，故采本籍地主义而不采住所地主义。此与保甲制及现今人口调查大有分别处。保甲原以抵御土匪，以十家为牌，设牌长；十牌为甲，设甲长；十甲为保，有保正。牌长甲长保正，每数年推选一次。每家有一个门牌，门牌上书明家长姓名职业及全家人数。每逢三、六、九、十二月初一日，各甲长报告保正本甲生死出口入口人数；再由保正报告县厅；复由省吏报告中央。后来年代久，制度弛废，保甲册少有增减，县厅造报，多凭空敷衍罢了。又此项调查，有时作一个征税标准，各省各县厅，每每少报实数，以便中饱。所以民政部的报告，当比实数少。

古时户籍，既以户为主，每户应有多少人口咧？中国每家所有之人数，随时代而有不同。孟子言八口之家。似战国时百亩之田所能给养者，以八人之家为常。据洛克希（William Woodville Rockhill）一九〇四年在美国斯密梭灵研究院所发表之"中国人口研究"（An Inquiry into the Population of China），大致汉朝之家，为4.8至5.2人；唐为5.8人。至于宋代，依萨袈罗甫（Sacharoff，著有 Hist. Uebersicht der Bevolkerungs: Verhaltuisse China's, p. 157）仅二人而强，据巴奥德（Boit: Journal Asiatique, 1836）为五人而强，与初唐相仿佛。至元代依阿弥阿（Amiot）之说，为家含五人。明朝之家，为5人至5.5人，或竟上之。清朝之"户"，所有人数亦言人人殊。阿弥阿与其他外人，以为每户五人，德基纳（de Guignes，著有 *Voyage a Pékin*）则以为二人至三人。巴克尔（E. H. Parker）言平均每户为六人（一八九八年之末日本每家之人数为5.55人，日本之家不仅一夫妇，与中国同）。据一八四二年（清道光二十二年）之编审，每户平均为2.3人。而一八四六年（清道光二十六年）北京城内居民编审所载之平均，则为3.1人。据饶氏之意，在十八、十九两世纪，中国每家平均之人数，大约当为四人。在一九一〇年民政部调查，除满洲为8.38人外每户以5.5人计算。

（乙）邮政局调查　现邮政局利用各地分局支局，用询问法（enquête）咨询各地方官吏及熟悉地情的人，调查人口。这种调查，虽比较官吏凭空臆造，稍近确实，但所被询问的人，仍大多是不悉民事的官吏，或乡民，故其结果仍不完满。在西洋日本印度各国每五年，或十年举行定期统计，其调查则以受有专门训练之户口编审员（census enumerator）任之，在指定的区域内，或逐户访问，照式详细填注，或颁发格式，由人民自行誊注呈缴。二法之中以前者为佳。苟邮局能得政府许可，进一步改询问法为户口编审法，其人口报告，便比较确实多了！

（丙）海关调查　海关调查是以经济上的数字为标准。例如以农业物的棉、谷、麦；天产物的盐；工产物的布匹、砂糖等……消费量全体为本。用平均每一中国人消费量若干去除他，所得数为人口总数。但中国内地生活大部分，还是在半自给半交换经济的时代，所以海关统计上所现的货物量，未必可尽货物消费的实况。又中国地方广大，各地人民，生活习惯，及生活程度，相差甚远，以单纯的货物量为标准去推算，也未必能推出近实的人口数目。

（丁）国务院调查　系民国以来的政府报告。

（戊）私人调查　许多学者，在一指定地方，用科学方法，调查人口情形；所得结果，颇多有价值的。

（己）私人推算　许多学者，用半哲学式、半科学式方法，以土地面积的大小，全国食盐的消费量，及人口增加率等，推算中国人口数目。这种推算，虽近数学的逻辑，不敢说精确可靠。（注八）

（庚）警察调查　各城市警察机关渐注意于人口调查，方法虽不精密，所得结果，亦可作参考用。

以上讨论中国人口的各种材料，谁可靠，谁不可靠，在个人选择。除专家用科学方法，调查人口情形外，其余多不能认为精确。遑论中国邮政局估计，多以询问得来；即美国的人口调查，在世界上算是最发达的，用专员调查达七万以上，而美国社会学家，也批评他有许多不可靠的地方！

（二）中国人口总数及其增减历史　到底人口是多少咧？

民政部调查（一九一〇年）	342,639,000（全国）
国务院调查（一九一二年）	377,673,432（全国除蒙古）
海关调查（一九二三年）	444,968,000（二十一省）
邮局调查（一九二三年）	436,094,953（二十一省）

此外据中国内地会的特别委员会（China Continuation Committee）的调查，则一九一七至一九一八年，为440,925,000人；法国Annuaire Général de la France et de l'Étrnguer 的调查，一九二四年为436,709,204人；德国Jahrbuch für Wirtschaft Politik und Arbeiterbewegung 的调查，一九二四年为四万万人至五万万人之间，俄国Viessmir 的调查，一九二四年为445,195,000人。至于私人的推算，则洛克希一九一二年的估计，中国二十二省的人口，大约为325,000,000人，陈启修一九二五年的估计，全国人口为547,020,880人。（注九）陈长蘅一九二三年的估计全国人口为443,373,860。（注一〇）安那特一九二六年的估计全国人口为446,200,000。（注一一）

上载各种中国人口总数的估计，相差甚远；大概总在四万万至五万万之间。这个人口总数，比法国大十一倍，比大不列颠大十倍，比美国大四倍，比日本大七倍，比德国大七倍，比意大利大十一倍，比西班牙大二十二倍，比比利时大六十倍。若以一敌一即英意日法比美六大强国合起来，不及中国人力三分之二，中国人口实不可谓不多矣。但中国人口，到底是增加，抑是减少，抑是停顿咧？陈君长蘅曾对于乾隆六年至民国十二年，一百八十二年间，中国人口的增加及变迁，有一个估算。见第一表。（注一二）

第一表　中国近一百八十二年人口增加率（rate of increase）表

时期	年数	每千人增加率（注一三）	地方	附注
（第一期）一七四一——一七九三	52	15.14	二十二省	一七四一年保甲制始通行，一七四一年以前人口数目不容易估计，本期为乾隆极盛时代故第一期人口增加最速。
（第一二期合并）一七四一——一八四九	108	9.63	同	乾隆六年至道光二十九年。
（第二期）一七九三——一八四九	56	4.95	同	一七九三白莲教作乱，从此内患灾荒频连，故乾隆五十八年至道光二十九年第二期增加率不及第一期增加率三分之一。
一八〇〇——一九二三	123	3.22	同	嘉庆五年至民国十二年自一八〇〇年以后，白种人国家的人口增加率为11.0，所以中国人口增加率不及三分之一。
一八三五——一九二三	88	0.99	同	道光十五年至民国十二年在一八三五年中国人口达四万万数。
（第三期）一八四九——一九二三	74	0.81	同	道光二十九年至民国十二年，是期太平天国革命继以种种内忧外患于是第三期增加率比第一期增加率小十九倍，除法国一九一〇至一九一四之人口增加率（0.4）外，为世界最小的增加率。
一八八五——一九二三	38	2.42	十八省	光绪十一年至民国十二年，这是中国本部人口的增加率，光绪十一年的户部调查颇有价值。
一七四一——一九二三	182	6.15	二十二省	乾隆六年至民国十二年三期合并计算。

中国人口问题

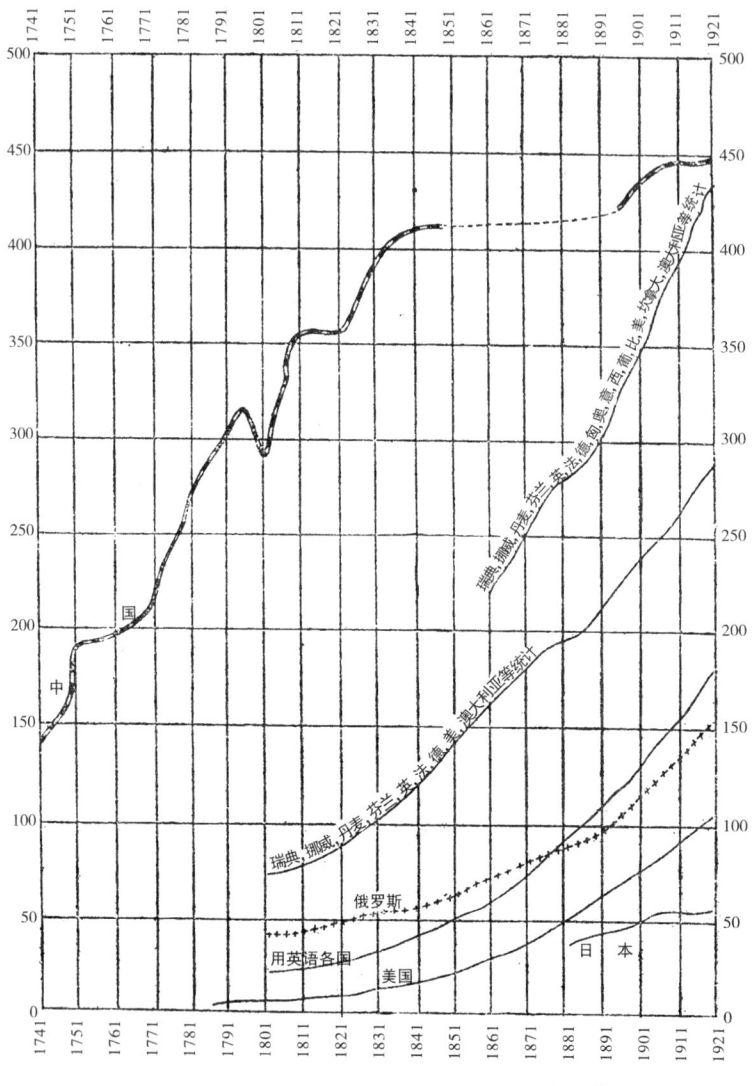

第三图　中国人口与世界各国人口增加数比较

（三）中国人口与各国人口增加率比较

陈君论文，所用方法是很对的，所得结果，仍不十分可靠，因为他根据的材料，都欠科学的精确。虽然，据我所知，论中国人口的增加率，也只有陈君论调，比较有参考的价值了。依陈表（第一表）自十八世纪中叶以后，中国人口增加率，减低极速。第一期（一七四一至一七九三年）之增加率为15.14，是中国近古人口之极盛时代。第二期（一七九三——一八四九年）之增加率减到4.95，到第三期（一八四九——一九二三年）只0.81而已。

三期中中国人口最高增加率不过15.14，并不高过于西洋最高的人口增加率。但第三期之增加率（0.81）除一九一〇至一九一四之法国增加率外比任何国的增加率为低。（见第三图）

人口学家，通常以英格兰及威尔士的人口情形为标准，吾人称之为"标准人口"（the standard population）。一八一一年以前，该地无精确调查；一八一一年以后，每十年平均每年人口增加数，除一九一一至一九二一年外，比第三期中国人口增加数大十倍以上。（见第二表）

第二表　英格兰及威尔士每十年人口增加百分率（注一五）

十年底计算	平均增加率
一八〇一——一八一一	14.0
一八一一——一八二一	18.1
一八二一——一八三一	15.8

续表

一八三一——一八四一	14.3
一八四一——一八五一	12.6
一八五一——一八六一	11.9
一八六一——一八七一	13.2
一八七一——一八八一	14.4
一八八一——一八九一	11.6
一八九一——一九〇一	12.2
一九〇一——一九一一	10.9
一九一一——一九二一	4.9

再以我国人口增加率与美国人口增加率比较，一八六〇年以前美国人口增加率当在30‰以上；一八六一至一八九〇在25‰以上；一八九一以后至欧战时亦有20‰；其自然增加率（即生产率超过死亡率数；从移民增加数不算在内）虽无详细调查，但依专家估计，亦在13‰以上，有时且达30‰以上。反观中国人口一八四九至一九二三平均增加率只0.8‰相差数十倍。（见第三表）

第三表　自一七九〇年至一九二〇年美国人口总增加率及自然增加率估计（注一六）

期限	总增加率	自然增加率（估计）
一七九〇——一八〇〇	35.1	
一八〇一——一八一〇	36.4	
一八一一——一八二〇	33.1	
一八二一——一八三〇	33.5	31.8
一八三一——一八四〇	32.7	27.7
一八四一——一八五〇	35.9	25.3
一八五一——一八六〇	35.6	22.8

续表

一八六一——一八七〇	26.6	18.5
一八七一——一八八〇	26.0	19.0
一八八一——一八九〇	25.5	16.3
一八九一——一九〇〇	20.7	15.2
一九〇一——一九一〇	21.0	13.2
一九一一——一九二〇	14.9	10.9

即东方的日本，其增加率，比我国人口增加率，仍大十余倍。兹以一九一五年至一九二五年为例：（见第四表）

第四表　日本人口每千增加率表（注一七）

一九一五	14.65	
一九一六	12.77	
一九一七	12.55	11.17
一九一八	5.89	
一九一九	9.99	
一九二〇	11.96	
一九二一	13.44	
一九二二	13.00	
一九二三	13.00	13.09
一九二四	13.67	
一九二五	15.76	

自一八〇〇年以后欧美各国人口增加最快的为美国，其增加率为 20‰ 至 35‰；次为新西兰、澳大利亚及俄国，其增加率常在 17‰ 至 20‰；再次为荷兰、丹麦、挪威、德、奥、英、意等国，其增加率从 10‰ 至 14‰；更次为比利时、西班牙等国，其增加率在 6‰ 至 11‰ 之间；至于法兰西，其增加率常在 1‰ 以下。（第四图）中国情形与法国相差不远。

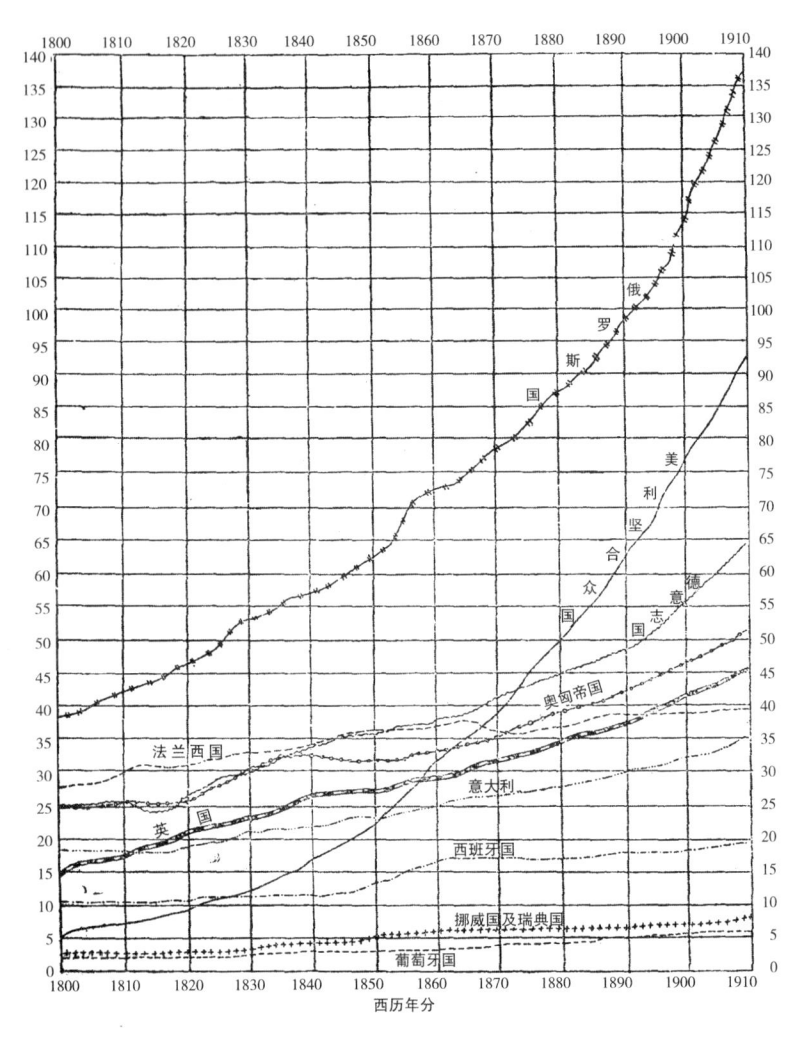

第四图 一八〇〇年至一九一〇年欧美各大国人口增加图

甘布司（G. H. Grubbs）在一九一六年估计世界各人种增加率如下：（见第五表）

第五表　甘布司人种增加率估计　　　　单位：万

人种	一九一六年总数	每千增加率估算	每年增加人数	人口加倍所需年数
白种（欧洲人）	65,000	12.0	780	58年
白种（欧洲以外人）	6000	8.0	48	87年
黄种	51,000	3.0	153	232年
棕种	42,000	2.5	105	278年
黑种	11,000	5.0	55	139年
共	175,000		1141	

此表所可注意的，即甘氏所推算的黄种人口增加率，恰与陈氏所得一八〇〇至一九二三年中国人口增加率相近。

甘布司氏又以各国一九〇六至一九一一年平均人口增加率，估计其所需加倍，年数如下：（见第六表）（注一八）

第六表　各国人口加倍所需年数

国名	每千增加率	加倍年数
法	1.6	436
挪威	6.6	105
瑞典	8.4	83
匈奥	8.5	82
西班牙	8.7	80
英吉利	10.4	67
日本	10.8	64
荷兰	12.2	57
德意志	13.6	51
美利坚	18.2	38
澳大利亚	20.3	34
加拿大	29.8	24

中国二十二省人口加倍所需年数，可推算如下：（见第七表）

第七表　二十二省人口加倍年数

年期	增加率	人口加倍年数
一八〇〇——一九二三	3.22	216 年
一八四九——一九二三	0.81	895 年
一七四一——一九二三	6.15	182 年

以此数比欧美人口加倍年数，相差甚远；甘氏又推算世界每年所增加人口，白种人占三分之二，黄种人占七分之一，所以中国人口占世界人口约四分之一，而每年增加人数至多不过八分之一。

（四）黄白种之将来

依上列各种估计及统计的比较，欧美人在六十年内人口可以加倍；而中国人口加倍，若依增加率 3.22‰ 计算，至少须二百年。现在白人总数（包括欧美白人及欧美以外白人）比华人总数约多百分之五十，而增加率加三倍有余，世界每年所增加人口，白人占三分之二，而华人增加不及八分之一。所以发生两个问题，第一，白种人的将来何如？第二，中国人的将来何如？

十九世纪中叶以后，世界人口问题最可注重的一件事就是生产率（注一九）和死亡率（注二〇）的减低。于是学者如司徒达（Lathrop Stoddard）等，大倡白人自杀之论说；文明愈发达，生产率愈减少，白人将日益减少，有色民族，继续增加不已，结果是有色民族的膨胀（the rising tide of color）；白人将无立足之地。此说发表后，风行一时；欧美各国政治家，乃极力奖励生产，谋扩张白人总数。凡提倡马尔塞斯论的人，或主张生产节制的人，认为反公卖国，大为一般社会所攻击。

此项学说之不合事实，可从两方面证明：第一从以上所举黄白种人口增加数比较，白种人确占优胜地位。第二以欧美各国人口单独研究，无论何国，不独无绝灭退化趋势，且其增加率甚速。盖人口增加率，（注二一）从婚姻及移民而来。婚姻于正式婚姻所生子女外，应加入私生子。生产率（birth rate）超过于死亡率（death rate）为自然增加率（rate of natural increase）。以自然增加率，与移民合计，即可得人口之总增加数。一国人口增加之徐速，不在生产率之高低，而在生产率与死亡率相差之大小。设甲国生产率为40‰，而死亡率为38‰，其自然增加率只2‰。乙国之生产率为25‰，而死亡率为12‰，其自然增加率为13‰，于是甲国生殖虽繁，人口增加反不如乙国。

兹以英格兰及威尔士人口情形为例（标准人口"the standard population"）。该地人口生产率在一八四一——一九五〇年，为34.6‰，至一九一一——一九一五年为23.6‰。其间六十年，生产率降低，约三分之一。至一九二五年，生产率降低至18.3，差不多降低一半。但同时死亡率由22.7‰（一八五一——一八五五）减至14.3（一九一一——一九一五），再减至12.2（一九二五年）。所以人口仍向上增，且增加甚速。英国的军阀，虽天天说大英民族，快要灭亡；而这个不断的增加，是不可辩的事实。有一人口统计学家以英威人口的生命指数（vital index）（即以死亡数除每百个生产数所得指数）测量该地人口生存的机会，所得结果如下：（见第八表）

第八表　英格兰威尔士生命指数（注二二）

时期	生产数（100）÷死亡数	时期	生产数（100）÷死亡数
一八三八——一八三九	140.28	一八八〇——一八八四	171.81
一八四〇——一八四四	148.04	一八八五——一八八九	169.85
一八四五——一八四九	139.61	一八九〇——一八九四	161.48
一八五〇——一八五四	151.69	一八九五——一八九九	166.40
一八五五——一八五九	155.23	一九〇〇——一九〇四	171.25
一八六〇——一八六四	157.30	一九〇五——一九〇九	177.40
一八六五——一八六九	157.11	一九一〇——一九一四	175.09
一八七〇——一八七四	161.35	一九一五——一九一九	134.95
一八七五——一八七九	167.69	一九二〇	205.48

可知白人自杀，在事实上是不存在。反之白人占优胜地位，黄人大有无地立足的危险。无论将来的世界大战，是黄种与白种之战，抑是资本国与被压迫民族之战，依现势推测，黄种人与白种人比较确是寡不敌众。那么，中国人何不即时奖励生产提高人口增加率呢？

但中国不增加食物的供给，中国人口增加率，是不能提高的。依天然律，人口数目，必受食物的限制，马尔塞斯已详言之。一国人口，增加到这个最高食物限度时，即不能再增加。现在中国人口，已达这个最高限度。所以中国人口增加之缓不在生产率太低而在死亡率太高。死亡率之高，为饥荒、兵凶、疫病等所致，这都是已达食物限制的种种现象。即马尔塞斯之所谓天然限制（natural checks of population）。

要提高中国人口增加率，故必先扩充食物的供给。扩充食物的供给（extension of food supply）有三个方法：

一、工业革命，增加工业出产；

二、农法改良，增加每亩农产物；

三、开辟新地。

但增加中国人口总数，而不注意于社会组织及人口品质的改良，能否与世界各民族相竞争而不归失败，是一个大疑问。若真能从速发展中国民族的品质，人人是脑力充足，体魄强壮，有创造力，有组织才能；而关于人口总数，不再增加，亦不减少，能否在世界上占一个优胜地位，又是一个大疑问。总之，中国民族之将来，不仅数目问题，民质问题和经济问题，都不可不注意的。

第三章　中国人口密度问题

（一）中国土地面积与人口密度

所谓"人口密度"，指每一面积单位内，人口数目。普通面积单位有两种，第一为方英里（square mile），第二为方公里（square kilometer）。每一方英里等于 2.59 方公里，每一方公里等于 0.386 方英里，方英里又简称英里，方公里又简称公里。中国面积总数，历代未行详细测量，没有精确报告，人各一说。兹举对于中国土地面积各说列表如下：（第九表）

第九表　中国土地面积各家估计　　单位：方英里

	清政府公布	Krausse	Little	Keane	英文中国年鉴
本部十八省	1,532,420	1,336,841	1,350,000	1,532,000	1,532,800
东三省	363,610	362,310	362,000	364,000	363,700
新疆省	550,340	431,800	580,000	580,000	550,579
蒙古	1,367,600	1,288,000	1,288,000	1,200,000	1,367,953
西藏青海	463,200	651,500	651,000	700,000	463,320
计	4,277,170	4,070,451	4,231,000	4,376,000	4,278,352

其他还有 William 的、Browne 的、Colquhoun 的、Phillips 的推算。其中以英文《中国年鉴》，较为可靠；因他是最新近的欧洲人的主张，中国政府的主张，实际也是采纳欧洲人的主张。

中国人口密度　中国全国每方英里人口密度，依邮局一九二三年调查，为 104 人，二十一省平均密度为 238 人。（见第十表）

第十表　中国人口密度（邮局一九二三年调查）　单位：人

江苏	875
浙江	601
山东	552
河南	454
湖北	380
广东	372
安徽	362
江西	352
湖南	341
直隶	295
福建	284
四川	228
贵州	167
广西	159
山西	134
陕西	125
云南	67
甘肃	47
奉天	61
吉林	
黑龙江	

续表

二十一省平均	238
蒙古	2
新疆	2
西藏	14
全国总平均	104

这个调查，虽不精确，但比较可靠。从表面上看来，以二十一省平均每方英里238人，比之德意志、意大利、比利时及英格兰等地人口密度，本不为多，若以全国总平均，每方英里104人，更不宜有人满之患了！兹以世界各大国及东亚各国的人口密度，与中国人口密度比较如下：（见第十一表）

第十一表　中外人口密度比较表（注二三）

国名	每方英里密度	国名	每方英里密度
比利时	648.0	法兰西	184.4
联合王国（英）	464.3	印度本土	177.0
日本本国	392.4	安南	144.1
意大利	329.1	中国全国	104.0
德意志	328.0	暹逻	48.4
日本帝国	309.5	美国	35.5
中国二十一省	238.0	大英帝国	32.9
英属印度	226.0	苏俄	16.1
朝鲜	216.0	不丹	12.5
纽西兰	12.3	澳大利亚	1.8

人口与土地关系　不过从中国总面积所推算出来的密度，不能代表真正中国人口经济及社会状态。我国除黄河及长江流域外多山瘠不毛之地，不宜于耕种。二十二行省的土地，至少有50%，不宜于农。所以要测量中国人口的经济能力及社会生存机会，必

注意四要点:(一)中国人口所占面积与世界人口所占面积之比例,(二)中国耕地的人口密度,(三)中国农村的人口密度,及(四)中国人口的分布。兹分述如后。

(二)中国人口及土地面积与世界人口及土地面积比例

现在世界人口总数约在1,800,000,000左右。各洲面积约57,255,000方英里;从此推算中国土地面积占世界各洲土地面积总数7.6%或十三分之一而弱。中国人口占世界人口总数25%或四分之一。从第十二表,可知中国人口及土地面积与世界比例之不平等,在各大国为最利害的。以这样大的人口,占这样小的土地,中国人满压力,可见一斑。更可虑者,列强方竞竞谋取夺满蒙西藏,若不早自振作,国土日削,华胄将来,不堪设想。(见第五图)

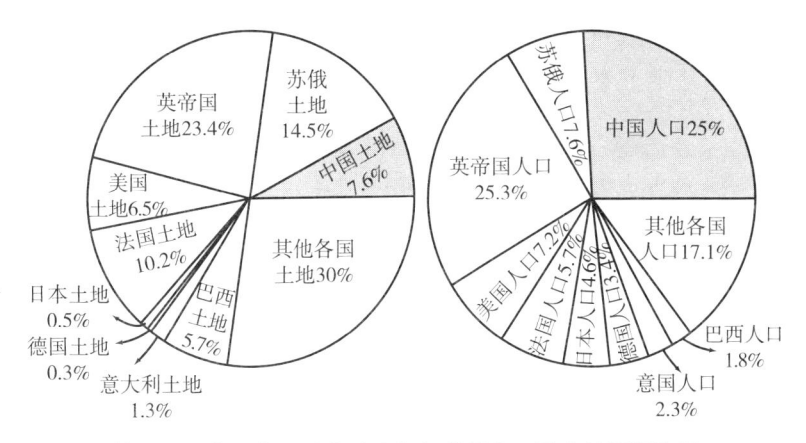

第五图 中国人口及土地面积与世界人口及土地面积比例

第十二表　中国与各国人口及土地分配比较表（注二四）

国名	本国及殖民地所占世界面积百分数	本国及殖民地人民所占世界人口百分数
中国	7.6%	25.0%
俄罗斯	14.5%	7.6%
大英帝国	23.4%	25.3%
美国	6.5%	7.2%
法国	10.2%	5.7%
日本	0.5%	4.6%
德国	0.3%	3.4%
意国	1.3%	2.3%
巴西	5.7%	1.8%

（三）耕地的人口密度

中国虽为一绝对的农业国，其可耕土地面积，对于其全面积，依最近北京经济讨论处报告，只占14.8%。西藏蒙古的大部分，现尚未从事于农业经营，固不必说。即以内部十八省及新疆、东三省而论，全部农田之面积，据农商部调查不过1,578,365,925亩，或374,464英方里。又按政府估计，我国十八省、东三省及新疆面积，总计有2,446,360方英里，或10,311,400,000亩。故二十二省农田总数占其总面积16%。姑依邮局一九二三年调查，二十二省人口总数，为436,094,953，是每英方里耕地人口密度，为1165人。这个密度为世界各国最高者之一（见第十三表）约与比利时耕地密度相等（比利时已有不可思议之人口压力），比日本约低一倍，比英国高一倍，比意大利高三分之一，比法国高四倍，比德国高五分之三倍。依专家推测，中国可耕土地，未开垦者，不及一半。即提倡农业和垦殖，将满蒙青海西藏及内地各省，所有可耕而未垦殖者垦殖之，中国每英里耕地密度，仍有585人之谱。这个耕地密度，约与英国耕地密度相等。现在英国耕地密度太高，食物不足，不得不提倡工业，以制造品向各国换取食物。又不得不整顿军备，扩充海外殖民地，以保全其经济的安全。今中国耕地密度，已比英国高一倍。人多以殖边为解决中国人口至上政策。殊不知即将满蒙西藏及中国所有荒地垦殖之，其最低耕地密度，仍比英国高。若中国人生活程度，和英国人生活程度相等，垦殖到最高程度后，中国人口压力，仍不减英伦三岛。

第十三表　中国与各国耕地每方英里人口密度表（注二五）

日本	2482
中国（二十二省）	1165
比利时	1020
意大利	790
英吉利	585
德意志	479
法兰西	280

（四）中国乡村的人口密度

上述耕地人口密度的估计，可与关于中国乡村人口密度几样局部调查对看。兹举数例：

（一）一九二二年华洋义赈会经济委员会调查了240个村镇，其中以在直隶境内的为最多，其次为山东、江苏、浙江、安徽等省。（注二六）此次调查，所得结果如次：（第十四表）

第十四表　直隶山东浙江江苏安徽各省乡村人口密度

省份	村数	每方英里人口密度（大约）	省份	村数	每方英里人口密度（大约）
浙江　鄞县	1	2270	安徽　宿县	12	290
	4	4650	山东　沾化	20	3000（注二七）
	1	6880	直隶　遵化	18	2010
江苏　仪征	5	1770	唐县	24	915
江阴	17	2050（注二七）	邯郸	18	690
吴江	20	980（注二七）	冀县（a）	20	550（注二八）
			冀县（b）	5	1450（注二八）

（二）前东南大学教授冯锐于一九一五年调查广东番禺河南岛57村，结果每方英里密度为864人。（注二九）

（三）金陵大学教授卜凯于一九二四年在芜湖附近102农家之经济及社会调查，结果每方英里密度为826人。（注三○）

（四）卜凯于一九二三年在直隶盐山150农家之经济及社会调查，结果每方英里密度为751人。（注三一）

可见中国人口之局部稠密情形，在江浙丰富之乡，人口密度每方英里竟到6880之多，在山东亦有3000，在直隶产麦地有2000之多；此种密度，言之可怕。在人口最稠密之印度本葛尔（Bengal）每方英里，只1162人；在日本最稠密之地，只2249；而日本人满之患，久已著闻世界。（注三二）

（五）中国人口的地理分布

关于中国人口的地理分布，可分三部讨论：(a)中国人口分布之不平均；(b)中国人口分布地理情状；(c)中国城市人口与乡村人口之比。

人口分布之不平均　中国人口分布极不平均，譬如江苏每方英里人口密度为875，浙江为601，山东552，河南454；而蒙古新疆每方英里人口密度为2，西藏只14人，甘肃47，云南67，东三省61，中国六分之五的人口，住在三分之一的土地面积内。这个人口不均的最大原因，是交通不发达，及政府防土匪不力。所以像东三省、新疆、内蒙古、云南、甘肃等处，土地虽肥沃，地产虽丰富，且同时沿海及黄河流域及扬子江流域各省，人口虽过剩，压力虽极利害，垦殖仍不发达。

人口分布地理情状　中国人口之集中，其集中点有六：

一、长江三角洲　包括南京以东的江苏南部，和浙江北部，这地域农业极盛，工业发达，人口密度在一千人以上。

二、北方大平原中央部　包括山东西部，河南东北部，直隶东南部和安徽北部。人口密度每方英里约一千人。

三、广东三角洲　范围较前二者小，但人口密度相等。

四、四川赭色盆地（Red Basin）　密度不及前三处，每方英里只有400人至500人。但盆地内，成都平原，灌溉事业，在中国最发达，每方英里有1700人之多。

五、长江口与广东三角洲沿海地方人口的集合，不是连续的。

福州、厦门、汕头，是集合的中心，成一条极狭的带状。从海岸一入内地山地，人口密度就迅速减少。

六、湖北盆地　包括九江盆地和湘江赣江二大纵谷，作成连络广东三角形的通路。一通过洞庭低地，一通过鄱阳低地。西北汉水下流，也附属于这个盆地。这个盆地，以武汉为核心。人口密度大略与四川盆地相同，而它的发达前途，很有希望的。（注三三）

（六）城乡人口之分布

依农商部报告在二十二行省及三特别区内，以农为业者有 59,150,400 户。假定每户为五人，共近三万万人，至少占中国人口 70%。此项农户，类处乡村。其居于城市者，为数甚少。于是中国人口至少有 70% 是居在乡村的。

依中国内地会调查，在中国境内人口百万以上的都会三，人口五十万至百万之都会六，人口二十五万至五十万之都会十一，人口十五万至二十五万之都会十五，人口十万至十五万之都会十五，人口在五万至十万之都会八十三，人口二万五千至五万之都会一百九十三。又近有人估计居住于五万以上的都会的占中国人口总数中 6%；居住于一万至五万的都会的亦占 6%。所余的 88%，居住一万以下的都市或村市。中国农村可分两种：（一）大村有人口 250 至 2500，（二）小村有人口在 250 以下。中国至少有十万个大村，约一亿的住民；有一百万个小村，约二亿的住民。（注三四）综合所论中国人口城乡之分布，大约如第十五表：

第十五表　中国人口城乡之分布

（一）住在人口二千五百以下的农村及小村的，约三亿人，占全国人口66%。

（二）住在人口二千五百至一万之市镇的，约一亿而弱，占全国人口22%。

（三）住在人口一万至五万之小都会的，约二千三百万，占全国人口6%。

（四）住在人口五万以上之大都会的，约二千三百万，亦占总人口6%。

在美国住在二千五百人以上的城市人口约五千四百万，住在乡下的约五千一百万。其城乡百分数之比为51.4与48.6之比（见第十六表），在日本住在二千以下城市的人口有6.49%，其余93.51%，住在人口二千以上之城市。（见第十七表）

第十六表　美国一九二〇年城乡人口分配表（注三五）

城乡人口数	人口百分数	城镇总数
1,000,000以上	9.5	共51.4%
五十万至百万	5.8	
二十五万至五十万	4.3	
十万至二十五万	6.3	
五万至十万	5.1	
二万五千至五万	4.6	
一万至二万五千	6.6	
五千至一万	4.8	
二千五百至五千	4.4	
2500以下（乡村）	8.5	共48.6
其他乡村	40.1	

第十七表　日本城乡人口分布表（一九二五年）（注三六）

人口	城市数	占总人口百分数
500 以下	82	0.04
501～2 000	2545	6.45
2001～5000	7050	37.72
5001～10,000	1733	19.20
10,001～20,000	392	8.75
20,001～50,000	145	7.43
50,001～100,000	51	5.77
100,001 以上	21	14.63
	12,019	100

中国城市性质　依人口学，重农的国家，乡村人口的百分数大。工业发达的国家，都会人口的百分数大，中国乡村人口及市镇人口的百分数大，而都会人口百分数小，表示中国系农业国，其工业不发达，交通不方便，人民多居住农村和市镇里。其主要职业是耕种。即十万以下的中国都会，大致是超过发达程度的村落，是数十或数百田村的中心市场。这种都会，在中国北方为最多。其十万以上的都会，如长江三角洲和广东三角洲两大集团的都会，是由于长久时代工商业和海运业发达的。在一八四〇年上海、天津各通商口岸未开以前，中国出入口必经过广州，出口货物，经过湖南或江西两个要道，由广东省城输出。入口货物，由广州输入内地各省。结果，湖北盆地南去，有两大纵列式的都会，连接广东三角洲各都会。

复次除近世工业化的大都会外，中国的都市，大概是交换（exchange）及消费（consumption）的中心点，不是出产（production）的中心点。其中原因，中国以农立国；一切的工商业，不过辅助性质。又中国习惯，多以田产为世代相传之承继产业。然而拥有田产的，并非尽属农民，多系绅商官僚。此等拥有田产的人，多居城市，于是城市一切经济及社会组织，如银行、学校、商店、手工厂等专以供给此类小资产阶级的消费生活为主要目的。所以中国普通城市，与西洋都市，或中国近世工业化都市，大大不同。前者偏重消费。后者偏重生产，拿北京比上海或伦敦，就容易看出它们的分别了。不过将来工业发达的时候，中国城市的性质，会慢慢地变更无疑。

第四章 生产率与死亡率

（一）几个调查与估计

中国全国人口的生产率与死亡率没有统计。不过从私人的调查所得，中国的生产率与死亡率都是很高的，兹列举几个调查结果为例：

一、北京的调查 依北京公共卫生会报告，北京内左二区（凡四万三千五百九十五人）于一九二五年九月至一九二六年二月凡六个月中的平均死亡率每年每千人为22.2，其婴孩死亡率为149。这个死亡率及婴孩死亡率，据调查者自己声明比普通的死亡率及婴孩死亡率较低，因为内左二区是北京一个商业极盛的区域，店铺多而住户少，住在外面而作业在内左二区的，如有病当然回家去，决不会死在店里的。（注三七）

甘布尔的《北京社会调查》内载一九一七年警厅所得生产报告为9566，从这个数目推算，得生产率每千人11.8，每千女人有32.6，或每千在生产期限内（十六岁至五十岁）女人中有51.1。这个数目，警厅当局自认太低。又北京公理会教友325家的调查，所得生产率，为每千人26.5；每千女人中55，或每千生产期限内女子中 94.0，甘布尔估计，北京的生产率在每千人 18 至 20 之间，或每千女人 55 至 60 之间。这个估计，仍不能代表全中国，因为北京人口中男子占 63.5%，女子占 36.5%。人口中女子百分数既特别的少，生产率自然特别低。若以全中国人口计算，女子约占 47%，所以全国生产率，当然比甘君估计高无疑。

关于北京人口死亡率，一九一七年的警察报告，为每千人 25.8，每千男子 21.6，每千女子 33.2。关于婴儿死亡率因警厅统计，为一至五岁，无从计算，但是年死人数中 6.7% 为流产（still birth）（注三八）所可注意的北京女人死亡率，比男人死亡率高。因北京女子百分数特别的少，如上所述，北京的死亡率，又必比全国死亡率低。

有蓝大夫（Doctor Lennox）者，曾在北京协和医院调查过四千中国病人。他们的平均年龄为 32.18 岁，平均已在婚后 12.3 年。该调查得男婴儿死亡率为每千孩 168，女婴儿死亡率为 203，总平均为 184.1。（注三九）

二、直隶盐山的调查　在一九二三年，金陵大学伯克（J. S. Buck）氏在盐山县附近调查 133 农户，共 678 人。所得生产率每年每千为 58.4，死亡率为 37.1。人口存余率（survival rate）为 21.3（人口存余率又称人口自然增加率，其定义及公式见注四〇）。

三、广东的调查　美国克卜（D. H. Kulp II）教授曾在广东潮州西南一乡村取名 Phoenix Village，调查其社会生活所得一九一七年七月至一九一八年八月的生产率为每千人 34，死亡率亦为 34。（注四一）

上列几个调查，或因调查地点商业性太重，或因性比例太不平均，或因所调查人口太少，所得生产率和死亡率，均不能代表中国总人口的生产率和死亡率。惟关于总人口生产率和死亡率的调查，现不存在；不得不本各种调查结果和世界人口趋势，作种种臆度。这种臆度，当然与事实相差甚远。譬如美国社会学家罗斯（E. A. Rose）估计中国人口生产率在50与60之间，死亡率在50与55之间，婴孩死亡率，虽各地因经济及社会情形之不同，大概总是极高的，譬如一九〇九年香港的中国婴孩死亡率达87%或870‰。（注四二）又哈佛大学东爱德（Edward M. East）教授估计，中国人口生产率，每千人为25，死亡率为每千人约23，婴孩在一年内死者占50%。东氏又谓中国人口增加数，每年至多不过一百万，其增加率至多不过3‰，有时绝无增加（注四三）此外尚有许多猜臆，人各一说。总之，综上几个调查和估计看来，中国近十年来人口的生产率约为30‰至35‰，死亡率也大约有30‰。人口增加率因战争灾疫关系一年比一年不同，大约在-3‰（即每年人口减少3‰）及5‰（即每年增加5‰）之间。我国婴孩死亡率，大约在250‰。

（二）中国生产率及死亡率与各国生产率及死亡率比较

关于生产率与死亡率，与中国相同的，为英属印度。印度也是农业国，工业不发达，教育不普及，食少人多，到处都是贫穷疾病，结果，两国人口的生死率，又都差不多。（见第十八表）

第十八表 英属印度人口之生产率死亡率及存余率（注四四）

年	生产率	死亡率	人口存余率
一九一〇	40	33	7
一九一一	39	32	7
一九一二	39	30	9
一九一三	39	29	10
一九一四	40	30	10
一九一五	38	30	8
一九一六	36	29	7
一九一七	38	33	5
一九一八	35	62	——27（注甲）
一九一九	30	36	——6（注甲）
一九二〇	32	30	2
一九二一	33	31	2

（注甲）本年流行感冒症盛行，死者八百万；次年人口增长仍受影响。

印度和中国的生产率及死亡率，在世界各国中，算是最高的。欧美先进国的生产率有时低至18‰，其死亡率低至12‰，其平均生产率约20‰，死亡率约15‰。大概北欧各国及在非洲美洲之条顿族，其生产率及死亡率为最低，中欧各国较高，南欧各国更高了。从下表所列各大国最近所得的生产率及死亡率，即可见一斑。（见第十九表）

第十九表 各国人口生产率及死亡率比较（注四五）

国名	西历年	生产率（以千分计算）	死亡率（以千分计算）
欧洲苏俄	一九二三	40.9	21.7
意大利	一九二五	27.5	16.6
美国	一九二二	22.7	11.9

续表

英格兰及威尔士	一九二五	18.3	12.2
苏格兰	一九二五	21.3	13.4
法兰西	一九二五	19.1	17.7
德意志	一九二五	20.6	11.9
比利时	一九二五	19.7	13.1
日本	一九二四	34.9	20.3
中国	估计	约35	约30
英属印度	一九二一	33	31

中国婴孩死亡率，在215‰左右。各国因生活高尚，卫生发达，其婴孩死亡率常在100以下，有时只60至70之间。（见第二十表）

第二十表　各国婴孩死亡率表（注四六）

国名	年	婴孩死亡率
英伦及威尔士	一九二五年	75
苏格兰	一九二五年	91
法	一九二五年	89
德	一九二五年	105
比	一九二四年	89
意	一九二〇至一九二三年	132
欧洲苏俄	一九二三年	146
日本	一九二四年	156
美国	一九二二年	76

更可注意的，十九世纪中叶以后，文明先进国的人口总数，虽增加甚速；而其生产率，死亡率，及婴孩死亡率，大有减低趋势。英吉利及威尔士人口素称为"标准人口"，即可以此为例。（见第二十一表）

第二十一表　一八七〇年至一九二〇年英格兰及威尔士生产率死亡率及婴孩死亡率减低情形

年度	平均每年生产率	平均每年死亡率	平均每年婴孩死亡率
一八七〇——一八八〇	35.4	21.4	149
一八八一——一八九〇	32.4	19.1	142
一八九一——一九〇〇	29.9	18.2	153
一九〇一——一九一〇	27.2	15.4	128
一九一一——一九一五	23.6	14.3（注甲）	110
一九一六——一九二〇	20.1	14.5（注乙）	91

（注甲）战死者不计。
（注乙）战死者不计。

（三）中国高死亡率与生产率原因

中国生产率高，有下数因：

一、中国系农业国，大凡农业国人口的生产率比工商业国的生产率高，同样乡村人口的生产率比城市人口的生产率高。

二、中国生活程度极低，俭习甚深，能以小小的收入，支持很多的人口。

三、在宗法家庭之下，家族世代同居，经济合作；少壮夫妇，常倚赖家长而生活，可不审家计的盈虚，不谋生产的节制，相率益子添孙，多多益善。又中国习惯，财产遗传，使子各均分，无长幼之别，与英日制度，但传长子的不同，故在中国没有如英国的处处大地主的流弊，不能生活均等，生产率因之增高了。

四、儿子成年，有供养父母的责任，一般父母，视子女为一种老年保险金，所以子弟愈多，年老时愈不必虑。

五、中国人口中，已结婚的人的百分数，比西洋各国人口高，而中国人的结婚年龄，比西洋各国人口低。又中国妾制盛行，一夫而有多妻。这三项，早婚，普婚，及纳妾，可使生产率加高。

六、依中国旧伦理，婚姻旨趣，为繁殖同族，使祖宗血食不致中斩。故"女子无子为七出之一"，"不孝有三，无后为大"。自来政治组织之本在于孝，而孝之本又在能续祖先之祭扫；此种观念，助长人口增殖，最为深刻。

七、中国教育不普及，民智未开，社会的欲望简单，故生产率高。

八、在现今各国，有时人民的生产率太低，政府设特殊奖掖，以助长人口。中国古代曾实行此制。汉律"女子十五以上至三十不嫁者有罪，罚出五算（赋钱一百二十为一算），而产子者二岁之间免役使，或复三年之算；怀娠者与胎谷二斛复其夫。"依《吴越春秋》"越王勾践，栖于会稽之后，恐国人不蕃，令壮者无娶老妇，老者无娶壮妻。女子十七不嫁，罪其父母；丈夫二十不娶，罪其父母。生丈夫二壶酒，一犬。生女子二壶酒，一豚"。此即世所称为"十年生聚，十年教训"的大政策。（注四七）

中国高死亡率原因　中国人口已近饱和点而同时生产率高，中国土地无可再吸收，所增加人数，若不移出，即不得不死亡。所谓人口饱和点（saturation point of population）指一固定土地所可支持最高人口数。人类的生活，虽至繁杂，最后件件必归到土地的功用。假定每人的最低生活量为 x，每方英里的土地可支持三百个 x，则该地饱和点为每方英里三百人。今每方英里有四百人，是一百人在饱和点以外，其结果如下：

（一）共产主义　以四百人共分用三百个 x，每人得 $\frac{3}{4}$ x，或

（二）个人主义　各人取夺最多 x，不顾他人的饥饱。结果，至少有一百人不能生存。

中国人口已达饱和点；但中国人并无此自觉心，方极力鼓励生产，使生产率达 35‰ 之高，故死亡率亦不可不有 30‰。殊不知欧美各国平均死亡率只 15‰，有时在 12‰ 以下，是在中国每千人多死十五人即枉死十五人（即可以不死而不幸竟死的人）。以此计算，全国每年枉死的人，约六百七十万。这六百七十万枉死的人，怎样死的咧？有三个大原因：

一、因不讲卫生而死；

二、因饥荒而死；

三、因兵凶而死。

此外有许多小原因，如意外之死（舟沉、车覆、水火之类），如死于刑辟等……无容详论，兹先讨论这三个大原因：

不讲卫生　依最近估计中国每年死于胃肠病的达 1,500,000 至 2,400,000，死于天花症的，约 900,000，死于痨病的约 900,000。这些病，占每年死亡数中 30% 以上，或枉死数中 60% 以上。这些病及其余与社会经济状况有关系诸症，若注重卫生，积极防范，大可消除。譬如在美国先进数州，因肺痨及天花而死的人，已差不多减到零数，可知在中国从卫生上可减少枉死数之半。

又据北平市政府公共卫生事务所之调查，在其行政区域内，住民死亡数中39.4%，未经医士治疗的44.3%，仅经旧式医士诊视的，其经过"科学的"医士诊疗的，只占16.3%。于此可见因中国科学的医业之不发达，而枉死者不少。又据该所调查，在一个有进步的大工厂内，其中雇佣人员中患沙眼者占95%，衣服上发见白虱者占80%，患营养不良者占50%。又有五学校中之学生一千五百人中，患沙眼者有14.1%，患龋齿者30.9%，患扁桃腺炎者16.2%。此等病症虽易防治，而模范工厂及学校患之者竟有如此之多；全国更不必论。（注四八）

饥荒及其他天灾　依金陵大学农学会调查，自纪元前一〇八年至一九二年，中国共有1828次饥荒，所死人数，无从考查。不过从最近经验观测，一九二〇至一九二一年的大饥荒，致贫的人有二千万，饿死的人有五十万。死亡数之高，实属可惊。前华洋义赈会干事麦伦（W. H. Mallory）氏著有《中国饥荒之地》一书，备述饥荒痛苦并将饥荒原因分类如下：

（甲）经济的原因　（一）人多食少；（二）失业；（三）市面不流通；（四）旧式农业；（五）森林不培植；（六）交通不便。

（乙）天然的原因　（一）伐去森林；（二）大水；（三）大旱；（四）导水之法不良；（五）蝗虫；（六）地震；（七）飓风。

（丙）政治的原因　（一）政府不稳固；（二）国家仓库之取消；（三）税制不良；（四）防饥不力；（五）匪患；（六）兵患；（七）官吏中饱；（八）强种鸦片。

（丁）社会的原因　（一）人口分布不均故内地有人满之患；（二）婚嫁寿庆丧事等之不经济；（三）饮食过多；（四）时间之不经济；（五）缠足；（六）坟地所占面积太多；（七）因守旧心太重，

不能发达工商;(八)不能合作,防饥不力。(注四九)

战争　依历史家观察,中国内乱,几定期发生。如每三十年一小乱,每六十年一大乱,每一百二十年一种极大的纷乱。每次内乱,必损失人命不少。如太平天国革命,所屠杀人口,依麦格温(Macgowan)氏估计,在三千万左右。(注五〇)依拔克(Parker)氏估计,每日被杀死或饿死的有24,000之多。又依拔克氏估计,一八六一至一八七八及一八九四至一八九五两次回教徒之乱,人口损失,在一百二十余万之多。(注五一)民国以来,虽未有大规模的屠杀,然间接直接,因内乱而死亡的人必不少。

(四)中国之平均人寿

凡死亡率低的国家,其平均寿命必长。其死亡率愈减低,则平均人寿愈加高。故近数十年中,英国人民的寿命平均数,由未满四十岁升至五十二岁。美国纽约一埠,于一八八〇年寿命平均数,尚在三十六岁左右;至一九二〇时,升至五十三岁。不及四十年间,其寿命平均数增加十七岁之多。(注五二)在日本于一九一一年,男子平均人寿,为43.97;女子平均寿命为44.85。(注五三)中国平均寿命未有调查,有人估计在三十岁左右,(注五四)又有人估计在二十二岁左右,(注五五)两者虽相差甚远,因人口死亡率及婴孩死亡率之高,中国平均寿命必与印度相差不远,在二十三岁左右。

通常论平均寿命,以"生命预期"为标准。所谓"生命预期"（life expectations）指过某某年龄后之平均寿命，这个平均寿命可从一定人口平均死亡率而测算的。兹以下列各国为例：（见第二十二表）

第二十二表　各国生命预期年龄表（注五六）

国名	性别	生产时	十岁	二十岁	三十岁	四十岁	六十岁	八十岁
澳大利亚 （一九〇一—— 一九一〇）	男	55.20	53.53	44.74	36.52	28.56	14.35	4.96
	女	58.84	56.39	47.52	39.33	31.47	16.20	5.73
丹麦 （一九〇六—— 一九一〇）	男	54.90	55.10	46.30	38.00	29.70	15.20	5.10
	女	57.90	56.70	48.20	40.10	32.00	16.50	5.50
英吉利 （一九〇一—— 一九一〇）	男	48.53	51.81	43.01	34.76	26.96	13.49	4.86
	女	52.38	54.53	45.77	37.36	29.37	15.01	5.36
法兰西 （一八九八—— 一九〇三）	男	45.74	49.75	41.53	34.35	27.15	13.81	4.87
	女	49.13	52.03	44.02	36.93	29.60	15.08	5.38
德意志 （一九〇一—— 一九一〇）	男	44.82	51.16	42.56	34.55	26.64	13.14	4.38
	女	48.33	53.35	44.84	36.94	29.16	14.17	4.65
荷兰 （一九〇〇—— 一九〇九）	男	51.00	54.30	45.70	37.80	29.50	14.70	4.90
	女	53.40	55.40	46.90	38.80	30.80	15.50	5.20
印度 （一九〇一—— 一九一〇）	男	22.59	33.36	27.46	22.44	18.02	10.00	3.04
	女	23.31	33.74	27.96	22.99	18.49	10.11	3.06
意大利 （一九〇一—— 一九一〇）	男	44.24	51.44	43.27	35.94	28.23	13.78	4.06
	女	44.83	51.33	43.69	36.58	29.18	14.02	4.11
日本 （一八九八—— 一九〇三）	男	43.97	48.23	40.35	33.44	26.03	12.76	4.44
	女	44.85	48.34	41.06	34.84	28.19	14.32	4.85

续表

挪威 (一九〇一—— 一九一〇)	男	54.84	52.92	45.16	38.86	31.49	16.79	5.86
	女	57.72	55.09	47.35	40.24	32.93	17.85	6.29
瑞典 (一九〇一—— 一九一〇)	男	54.53	54.03	45.88	39.57	30.77	16.06	5.22
	女	56.98	55.58	47.66	40.20	32.53	17.29	5.64
瑞士 (一九〇一—— 一九一〇)	男	49.25	50.34	41.70	33.80	26.03	12.73	4.27
	女	52.15	51.98	43.69	36.10	28.43	13.67	4.51
美国（注甲） (一九〇一—— 一九一〇)	男	49.31	50.86	42.39	34.80	27.55	14.17	5.07
	女	52.54	52.89	44.39	36.75	29.28	15.09	5.43

（注甲）只限新英伦各州，纽约、纽约瑟、印安安那、米希干及哥伦比亚特区。

依上表关于生命预期可分五等：

  第一等预期　五五岁至六〇岁之间……有澳大利亚、丹麦、挪威、瑞典等国为例。

  第二等预期　五〇岁至五五岁之间……有荷兰、瑞士、美国、英吉利等为例。

  第三等预期　四五岁至五〇岁之间……有法兰西、德意志等为例。

  第四等预期　四〇岁至四五岁之间……有日本、意大利等为例。

  第五等预期　四〇岁以下……有印度为例，中国人口生命预期亦必属第五等。

第五章　中国人口之性比例及年龄分配

（一）人口之结构

所谓人口之结构（composition of population），指人口的组合不同分子，如性别（sex）、年龄（age）、婚姻关系（marital status）、职业（occupation）及种族（race）。（注五七）

（二）人口之性比例

性比例（sex ratio），通常指每百个女子与男子数之比。如性比例为108，即指该地方，每100个女子，有108个男子。各样动物的雌雄比例，常大约相等，人类中，各种族的性比例，虽小有高低，但大致仍相同。通常在生产时，男孩数超过于女孩数。但因生理上关系，男孩比女孩易死，男孩的死亡率比女孩的死亡率高。结果，孩童的及成年人的性比例又比较相若。

第二十三表　欧洲各国生产性比例及婴孩死亡率性比例表

一九〇六——一九一五年	生产性比例（对每百女孩之男孩数）	一年内婴孩死亡率性比例（对每百女孩之男孩数）
英格兰	103.9	124.3
苏格兰	104.3	125.1
法	104.4	120.3
意	105.4	110.9
德	105.9	119.1
西班牙	109.8	112.8
奥国	105.7	118.2

现时各国人口的性比例，大致在102至106之间，（见第二十三表）欧战以后，女子多于男子，欧洲各国且有降至九三的。在新国家，如北美合众国移入人民中不带家室的男子很多，其性比例故甚高。在旧国家，常有女子多于男子现象。近数十年来，生产率及死亡率虽减低，人口增加率虽有时加高，性比例却没有变迁，譬如美国人口的性比例，在一八七〇为102，在一八八〇年为104，在一八九〇为105，在一九〇〇为104，在一九一〇年为106，在一九二〇年又为104，在日本近十余年来的性比例常在102.08至102.18之间，相差只千分之一而已。

（三）中国人口的生产性比例

中国人口的性比例与普通不同。中国婴孩生产时性比例，男数比女数特别的高。同时婴孩死亡率的性比例，女数又比男数高，

与各国情形适相反。所以在中国人口中的性比例,男数必比女数高。兹列举数调查结果如左:

(1)梁医生及乌奔海姆(Oppenheim)在上海曾经问过中国男生343人(平均年龄中国十六岁至二十六岁),女生130人(平均年龄中国十五岁至二〇岁),共473人。问他们有多少姊妹兄弟,生的死的通在内。所得生产时性比例,115.5(±2.3):100(±记号下指"近似值"与"直值"之差误Probandi)所得从生产后,至当时,男子死亡率(婴孩死亡率在内)为326‰(±13.0),女子为381‰(±15)。所得当时男女比例为125.6(±2.9):100。其意即男多于女每百人中多25.6人,或四分之一有奇。(注五八)

(2)英国格雷大夫(Dr. Gray)在北京英国公共医院(British Charitable Hospital)问过一千个妇人,生了多少孩子,男孩多少,女孩多少,生的多少,死的多少。所问过妇女,平均已结婚二十年,所得生产时性比例为117.7(±1.6),所得生产后至当时死亡率,男子为492‰,女子为518‰。(注五九)

(3)北京协和医院蓝大夫(Dr. Lennox),问过四千男子,平均年龄为32.8岁,已婚12.3年。所得生产时性比例为119.1(±1.2)。所得生产后至当时死亡率男子为314‰,女子为338‰。(注六〇)

(4)甘布尔(S. D. Gamble)和布济时(J. S. Burgess)北京的调查,所得生产性比例为11.85。(注六一)

(5)新加坡市政府人口调查,所得一九一三至一九二二年生产性比例总数如下:

中国人	115.1（±0.4）
马来人	111.2（±2.8）
欧洲人	107.0

又所得中国人口从生产至当时的死亡数，男子为38‰，女子为29‰。此地女子死亡率比男子死亡率低，因新加坡中国人，大多系无家室的劳工。其中已娶亲的，大抵系经济状况较好的人。（注六二）

折中论之，上列各生产时性比例都在115以上；而欧洲各国在110以下。即与华人同种的日本人口依一九二五年的调查，其生产性比例为103.5。在中国生产时男孩超过于女孩数，比世界任何国（凡有生命统计的）为高。这个超过数目，在他国则减低，在我国，因女孩的高死亡率，则反加高。女孩死亡率高的最大原因是中国人重男轻女，女孩的环境不及男孩之优。至于如何中国女人比他国女人健于生男，这应请中国生理学家去研究了。

（四）中国人口的性比例

关于中国人口总数性比例数，现无统计。下列各项调查，颇有参考的价值：

（1）北京　依甘布尔调查，北京人口男子占人口总数63.5%，女子只占36.5%；其性比例为174与100之比。

（2）芜湖　依金陵大学卜凯氏，芜湖附近102农家调查，人

口总数为 547 人，男子占 55.2%，女子占 44.8%；其性比例为 123.3。（注六三）

（3）广东　依克卜（Kulp II）氏广东一乡村的调查，该村人口总数为 650，男子占 52%，女子占 48%；其性比例为 108.3。（注六四）

（4）华东及华北　戴乐仁（Prof. J. B. Taylor）氏及麦乐（Prof. C. B. Malone）在直隶、浙江、江苏、山东，二百四十村的调查，所得人口性比例如次：

华东（包括浙江七村及江苏四十二村）	107
华北（包括山东二十村直隶六十村）	113
两处总性比例	110（注六五）

依上调查及其他调查，可知中国人口中，男子数超过女子数，比各国高。在大城市如北京、上海等，男子数比女子多至 50% 以上，因为这些地方，不是工商荟萃之区，即是政客官僚学生寄居之地，中国人习惯出外工作，常不带家眷，男子多独居大城市中。至于乡村人口，除满蒙边陲之地，男子特多于女子；或山东直隶移民发达之区，女子有时超过男子外，（注六六）中国各地人口性比例大致在 110 以上。此数比任何各国人性比例为高。

高性比例的社会影响　姑定中国性比例为 110，中国人口，为 450,000,000。中国过剩男子数，至少有 22,000,000 之多。那么，何以社会不发生男多女少问题咧？其原因有五：（一）南方沿海各省，每年有大宗男子向南洋及欧美去移民；北方各省，向蒙满殖边；吾人虽不能得确实数目，至少在百万以上。又从社会调查所得，移出男子，死亡率极高。（二）中国工价极低，而生活程度日日加高，许多贫穷男子，即终身不娶。（三）近年南北战争之延长，即男子过剩受天然淘汰现象，许多男子为贫所逼而当兵，一面不得不屏绝婚姻生活，一面死亡率加高。（四）中国旧社会思想，不嫁的成年女子很受社会的攻击；不娶的男子虽多，而不嫁的女子则极寥寥。（五）娼妓之盛，当以中国为最；（注六七）娼妓业之盛行，即过剩男子所致。

总之，中国男子多于女子，使移民增加，工价低微，兵匪猖獗，妓业盛行，又强迫成年女子结婚，其影响于社会习惯思想，良非浅鲜。解决方法，在提高女子地位，使普通人民，重视女孩，又依生理上原则，饮食充足，常多生女孩，若改良生活程度，性比例或者可以减低。

（五）年龄分配

人口中年龄比例，影响于政治及经济极大。各国为厚集兵力及劳工计，每每奖励生产。如德国恺撒大唱女人四 K 之说，即孩子（Kinder）、厨房（Küche）、衣服（Kleider）、教堂（Kirche），是谓女子终身职务，限于生育做饭缝纫及信教四事。恺撒并讥笑法国因生产率低是退化的国家。

依社会学家观察，孩子多的地方，通常有两件事发生：（一）生产率高，（二）平均寿命短。又壮年人多的地方，必富于进取精神；事事求新。老年人多的地方，则守旧心重，不喜改革。人口学家更常以年龄百分数测定人口增加率之徐速，分人口为进化的（progressive population）、稳定的（stationary population）及退化的（regressive population）三种。兹述其标准如次：（见第二十四表）

第二十四表　进定退人口之年龄百分比例表（注六八）

年龄	进取人口情形	稳定人口情形	退化人口情形
十四岁以下	35%	30%	20%
一五至四九岁	50%	50%	50%
五十岁以上	15%	20%	30%
总数	100%	100%	100%

美国人口，二十年前增加极速，近二十年，增加稍迟，通可以从男女年龄百分数中推算。（见第二十五表）

第二十五表　美国人口年岁分配百分数

年岁	一八八〇年	一八九〇年	一九〇〇年	一九一〇年	一九二〇年
五岁以下	13.8	12.2	12.1	11.6	10.9
五岁至一四岁	24.3	23.3	22.3	20.5	20.8
一五岁至二四岁	20.0	20.4	19.6	19.7	17.8
二五岁至四四岁	25.8	26.9	28.0	29.1	29.8
四五岁至六四岁	12.6	13.1	13.7	14.6	16.1
六五岁以上	3.4	3.9	4.1	4.3	4.8
不明的	……	0.3	0.3	0.2	0.1
共	100.0	100.0	100.0	100.0	100.0

（六）中国人口年龄分配

我国人口大致属稳定种类，兹举数例如下：（第二十六表）

第二十六表　中国人口年龄分配举例

年龄分组（注六九）	华东调查（注七〇）	华北调查（注七一）	芜湖调查（注七二）	北京调查（注七三）
十岁以下	23.3	22.0	27.1	11.0（注七四）
一一至二〇	21.0	18.8	16.5	14.9（注七四）
二一至三〇	14.3	14.7	21.4	21.6
三一至四〇	15.9	15.1	18.1	21.2
四一至五〇	13.5	11.5	8.2	15.2
五一至六〇	7.6	9.3	6.9	8.6
六一至七〇	3.2	5.6	1.8	4.4
七一岁以上	1.2	3.0	0.0	2.3
未明	——	——	——	0.8
总计	100.0	100.0	100.0	100.0

又依甘布尔北京公理会教友家庭（共1217人）的调查，十五岁以下的人口占全数28.3%，一六至五〇岁的人口占全数52.5%；五十岁以上的，占人口全数15.1%。（注七五）可见中国人口，系稳定类，即不增不减之类。下列第六及第七两图，以北京教会1217人口与美国一九二〇年的人口调查相比例，美国人口的年龄图式为⌂，而中国人口的年龄图式为◊，中肥，上尖，而底窄，此项图式即婴孩死亡率高，平均人寿低，人口增加率小的表示。

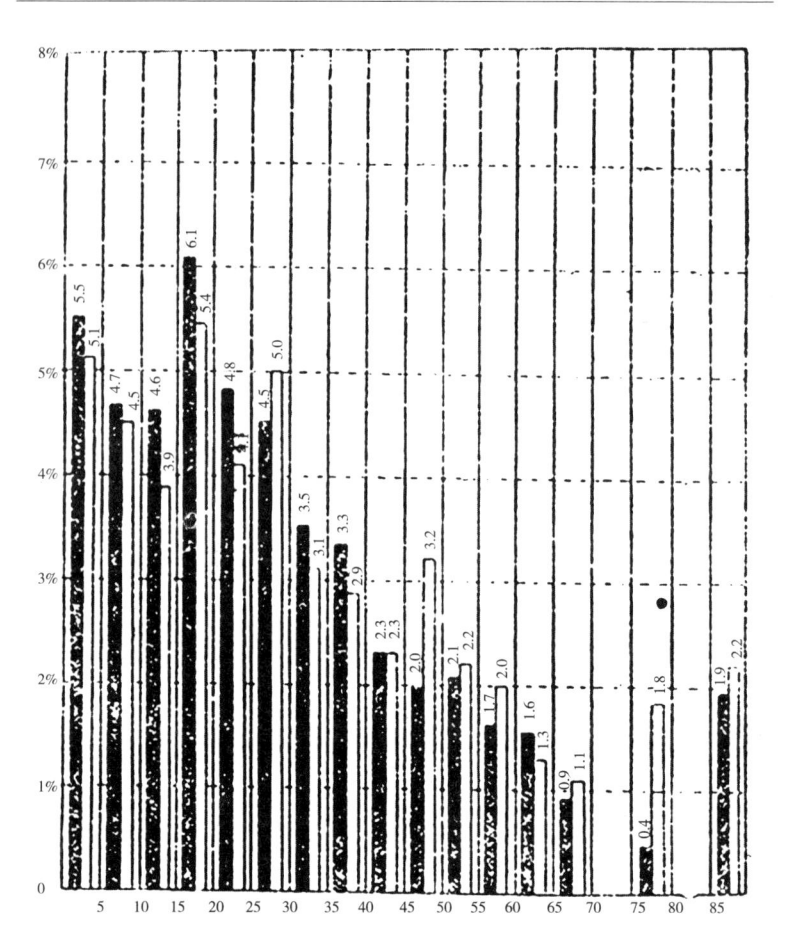

第六图　北京教会一二七二人口男女及年龄分配百分数

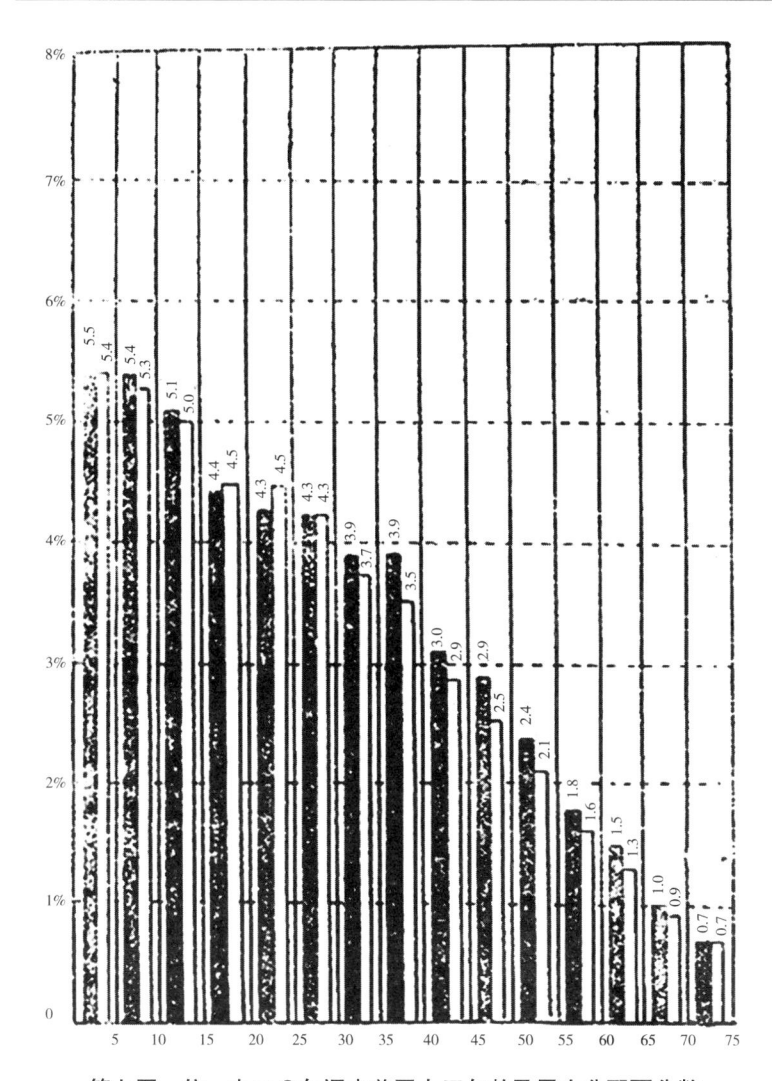

第七图　依一九二〇年调查美国人口年龄及男女分配百分数

（七）年龄与生产

依中国习惯可定一岁至五岁为幼孩期，六岁至十五岁，为入学年龄时期；十六岁至二十岁为学艺职业或结婚时期，二十一岁至四十五岁或五十岁为生产时期，从此以后即渐由中年而入衰老时期了。从第二十六表观察自二十一岁至五〇岁共三时期，所包括人口百分数在华东华北及芜湖为43.7、41.3及47.7，在北京为58.0，可知我国人口中约有一半在生产期内。即有一半人口，绝对不能生产的。这个生产人口内差不多要包括一半妇女，这半妇女，大致是不能经济独立的；所以中国人口中可以生产的，只占四分之一。又依克卜的广东乡村调查和卜克的直隶盐山调查，两处入学时期内的人口，亦大致占人口总数四分之一，这个数目与全国人口入学年龄实数，想相差不远。

年龄与地理　在大城市中，十五岁以下人口百分数，比乡村的同年龄组人口百分数低，因为要到壮年始离开本地，去大城市谋职业。（注七六）在灾区内各省自十六岁至三十岁之男子，比较为小；大概总是到满蒙或外洋移殖或去大城市寻职业去了。但女子不愿出外，所以在十六岁至三十岁各年龄组内，女子数常比男子数高，（注七七）但有时因女子婚姻后死亡率高，女子数仍不及男子数。（注七八）又依上列几种调查，十岁至二十岁之间，女子数每每远不及男子数，这有几种解释：

（一）依生理律，生产时男孩数比女孩数高，在中国重男轻女之地，男孩所受调护较女孩为优，且贫家女孩时常为家中扔弃，故生产后至成年女子死亡率比男子高。到成年后男子工作苦，（尤其农业）男子死亡率比女子高。

（二）及婚年龄之未婚女子，人多秘不肯告人。

（三）许多地方因经济压迫，或娶妇之家事繁，须人工作，养童媳之风极盛，调查时每每不便问"你家有童媳几人？"故不易调查。

总之中国人口年龄分配，现没有精确调查。依现所得材料，可以推测中国人口中十五岁以下人口百分数，在 30 以下；五十岁以上人口百分数，约在 20 左右。可知中国人口系稳定种。中国人口可以经济独立的，至多不过四分之一；大城市中，男多女少；壮年人多，幼童为少。

第六章　中国人口之婚姻状况及职业分配

（一）中国家庭制度与婚姻状况的关系

要明白中国人口的婚姻状况（marital status）必先讨论中国原有的家庭思想。在西洋的个人家庭制度之下，男子非到经济独立时期，不敢娶妻；否则不能养活妻子。在中国大家庭之下，有四种特殊情形：

一、"接香炉脚"的观念，由儒家的社会学说蜕变而为民众迷信；故中国人"得嗣"的心切。普通人民，受这个伦理和宗教压力所驱使，不管家计盈虚，必以早结婚为要。

二、中人以下家庭，每每因家贫事多，因媳妇可以帮助阿姑料理家务，怂恿成年的儿子，早去娶妻。

三、在宗法家庭之下，儿子虽不能经济独立，父母常负供养孙媳的责任。所以在西洋已婚少年若不能养活妻子，大为社会所鄙弃；在中国则视为当然事。

四、凡女子成年而未嫁人的，大受旧社会的排击，谋再嫁的寡妇或谋离婚的男女，亦受旧社会的排击，在西洋则不然。

结果中国人男女结婚年龄，比西洋人结婚年龄低。而中国人口中已婚的百分数，比西洋各国人口中已婚的百分数高。离婚事虽渐渐通行，其数目极小，寡妇重婚人数，亦极小。

（二）人口中已婚的百分数

所谓"结婚率"（marriage rate）通常指每年每千人中结婚人数。世界各国结婚率，在6‰至10‰之间，平均在8‰（日本及俄国均在内）。四十年来，世界各国的生产率死亡率及婴孩死亡率虽减低，而结婚率则仍未减。欧战以后，因许多男子战死沙场，或战后无以谋生，结婚率一时减低，但此不过战后暂时现象罢了。

我国未有人口调查，无从明白人口的结婚率。测量我国人口中婚姻状况的惟一方法，是在调查各处人口中适于婚姻及不适于婚姻的百分数（percentage of marriageables and unmarriageables）与适于婚姻的人的已结婚的及未结婚的百分数。兹举例如下：

一、北京警厅调查（注七九）

适于结婚的人（十六岁以上及七十五岁以下）占人口80.7%（至多数）

不适于结婚的人（十五岁以下及七十五岁以上）占人口18.5%（注八〇）

不明的　占人口08.0%

已婚的　占人口55.0%

可婚而未婚的　占人口26.5%（至多数）

二、北京1200人调查（注八一）

已婚男子　占男子总数 49%（注八二）

已婚女子　占女子总数 60%（注八三）

十六岁以上男子未婚的只 28%（注八四）

十六岁以上女子未婚的只 16%（注八五）

二十五岁以上男子未婚的只 9%

二十五岁以上女子未婚的只 1%

三十岁以上男子未婚的只 7%

三十岁以上女子未婚的只 0.5%

三、广东乡村的调查（注八六）克卜氏 650 人调查，所得结果如次：

适于婚姻的占人口总数 70%

不适于婚姻的占人口总数 30%

适于婚姻人数中 { 已婚的有 82% / 寡妇占 15% / 寡夫占 1% / 未婚的占 2%

总论　以中国全国人口推算，适于婚姻的，即十六岁以上至七十五岁以下的人，至多不过 60%，（有传染病的人，有神经病的人，残废的人通算在内），已婚的约占人口 50%。从上几个调查推测，中国可算是世界上一个最高结婚比例的国家。在日本，依一九一八年人口调查，每千人中已婚男子有 169 人；已婚女子有 169 人，共 338 人。未婚男子有 336；未婚女子有 326，共 662 人；在美国十五岁以上的人口，依一九二〇年统计，未婚的占 31.3%；已婚的占 59.9%，寡的占 7.9%；离婚的占 0.7%，在印度依一九二一年调查未婚的男子占人口 26%；未婚的女子占 18%，共 44%。已婚的男子占人口 22%；已婚的女子占人口 23%，共 45%；寡夫占人口 3% 寡妇占人口 8%，共 11%。中国情形与印度想相差不远，不过寡妇在人口中百分数或不如印度之多。

中国可婚的男子，除最少数向外洋或边境去移殖的及过贫不能娶妻的外，迟早总是结婚的。我国人的结婚年龄虽比西国人低，但不至如普通人所言，中国人到了十三四岁便结婚。西洋人至讥笑中国为一个童婚国，这完全是没有科学的根据。北京成府的调查，平均结婚年龄男子为 24 岁，女子为 21 岁；安徽湖边乡村的调查，男子为 21.7 岁，女子为 19.5 岁；（注八七）蓝大夫四千男子调查，男子平均婚姻年龄为 20.5 岁，而其中最普通结婚年龄为 19 岁。这些平均结婚年龄，虽不及英美人结婚年龄高，断不是童婚的。

又可注意的，我国人结婚人数之多，及结婚年龄之低，与人口增加率没有关系的。中国人口死亡率每每与生产率相等，使人口不能增加。反之，若中国人实行迟婚，于个人的经济教育及生育上可得增加效能的良好结果，人口总数或反增加较速！依各国经验，生产率高的国家，死亡率亦高，增加常极低。生产率低的国家，死亡率必低，增加率反高。又生产率及死亡率虽时有增高或减低趋势，其结婚率常不变。欧战前英国政府曾公布二十九国人口调查，其结论谓十八国内生产率减低，死亡率亦同样减低。在俄罗斯、罗马尼亚、加麦高及爱尔兰四国生产是保持稳定的，死亡率及婴孩死亡率也是稳定没变的。在伯加利亚、锡兰、日本及奥多那（Ontario）生产率加高，死亡率亦同样加高。（注八八）又近三十年来各国人口结婚年龄加高，生产率、死亡率及婴孩死亡率减低，而人口反是向上增加的!

（三）种族效能

此问题极重要，因他关系于中国的种族效能（race efficiency）及民族文明的前途。依最近社会学理，社会文明的进步是民族过剩精力的结果（Social progress is the product of the surplus energy of men）。民族生存，有两大要素，即经济生活之支持，及人口之增加，即古人所谓"饮食男女"；"饮食"包括衣食住等事，"男女"包括种族的延长。常人除饮食男女以外，无"余力"以创造文化；有"余力"的人，便能创造新文化。如是社会进步有下列公式：

A 为社会进步

X 为民族精力

Y 为经济生活之支持

Z 为人口之增加

公式 $A=X-(Y+Z)$

又人口增加，依生产率及死亡率关系而定。生产与死亡都有一番大牺牲……身体快乐的牺牲，时间的牺牲及金钱的耗费。即就生产说，生一个孩子至少有下列的牺牲，吾人始定此为"生产的代价"（the cost of a birth）：

一、在怀孕期内母亲三四个月不能照常工作；

二、生产以后，有三四个月母亲不能工作；

三、生产前后共一年母亲所受身体痛苦；

四、从生产所发生的医药等费用；

五、小孩养育的费用；

六、父亲的负担。

若没有这六项的牺牲，父亲及母亲，可在社会工作上无论其为劳心或劳力，事务或研究，文艺或科学均有相当的贡献。如已婚的女画家，不生小孩，便可绘画，若生小孩，她的工作必暂时休止。

兹以 a 代表人口增加率每千分之一的代价，b 代表生产的代价，c 代表死亡的代价，d 代表人口增加率。

$$a=\frac{b+c}{d}$$

在北欧各国生产率低，死亡率低，而人口增加率高则种族效能高；在中国印度等国生产率高，死亡率高，人口增加率低则种族效能低。其原因即人口增加率每千分之一之代价过高所致。假设用 V 代表代价单位即种族精力代价单位，假定每一生产须 500 个 V 每一死亡须 150 个 V，现北欧各国生产率约为 20‰，死亡率为 12‰，自然增加率为 8‰。现中国生产率为 30‰，死亡率为 27‰，自然增加率为 3‰；所得结果如下：

一、北欧各国每千人中增加一人所须种族精力代价：

a=[（20×500v）+（12×150v）]÷8=1475v

二、中国印度每千人中增加一人所须种族精力代价：

a=[（30×500v）+（27×150v）]÷3=6350v

假定各民族固定最多精力（race energy）为 12,000V；各民族

求经济支持（即衣食住）所须精力为 5000V；北欧各国与中国印度所得可以创造新文化之过剩精力如下：（A 为社会进步）

一、北欧各国　A=12,000v −(5000v+1475v)=5525v

二、中国印度　A=12,000v −(5000v+6350v)=650v

可知北欧各国有 5525V 的过剩精力去创造新文化，他们的社会进步，一定是迅速的；在中国印度，只有 650V 的过剩精力去创造新文化，他们的社会进化，必非常迟滞。我国生产率高，死亡率高，婚姻年龄低，婚姻率高，而人口增加率极低微，其中种族精力的荒废，如此可以概见！

（四）职业的分配

人口职业之分配，自当依一国利用经济富源的情形而定。若一国社会组织完善，人人生产，贫穷消除，该人口中游手好闲的，即普通所谓"坐食阶级"（leisure class）可减到最低限度。在理想的经济社会，有正当职业（gainful occupation）的人，即从职业可以得工资薪水或同样代价的人，当如下分配：

占十八岁以上男子 90%

占十六岁以上女子 60%

占全国男子人口 70%～75%

占全国女子人口 40%～45%

占全国人口 55%～60%

其中40%～50%不生产的人,并不是因资产太多,收入太丰,可以坐食,"不愿"生产;而是从下列各原因"不能"生产。

甲、年龄过于幼稚,不能有正当职业;

乙、怀孕生育,不能继续工作;

丙、疾病残废。

这不过理想社会的情形;关于各国实况,因英美德法意比等国为工业文化最发达的国家可作代表,其相差亦不甚远。依一九二〇年人口调查,美国人口中有正当职业的约41,614,248人,占全国十岁以上人口中39.4%,占全国十岁以上男子61.3%,十岁以上女子16.5%。十岁以下的人,过于幼稚,不能工作,故通常论正当职业人口数,十岁以下人口数,不算在内。(注八九)英法等国情形,列表如下:(第二十七表)

第二十七表　欧洲各大国正当职业人口百分数(注九〇)

国名	男子	女子
英格兰及威尔士	67.0%	25.6%
苏格兰	65.7%	25.1%
法(战前)	68.7%	38.7%
德(战前)	61.1%	30.4%
意(战前)	66.1%	29.0%
比(战前)	60.6%	23.8%

中国人口中有正当职业的百分数,现无统计。从各种调查所得,中国男子人口中有正当职业的人约35%至45%;女子人口中有正当职业的人约10%至20%;全国人口中有正当职业的人,约23%至33%,此不过估计而已。(注九一)

（五）职业的效能

中国以四分之一至三分之一的人口，供给全部人的经济生活，中国经济之不发达，于此可知。不特此也，中国职业人口效能，又远逊他国。美国有一位工程师名 Thomas T. Read 测量以每人工作结果各国工人的效能如下（第二十八表）：

第二十八表　各国工人生产效能比较表（注九二）

中国	1
英属印度	$1\frac{1}{4}$
俄国	$2\frac{1}{2}$
意大利	$2\frac{3}{4}$
日本	$3\frac{1}{2}$
波兰	6
荷兰	7
法国	$8\frac{1}{4}$
澳大利亚	$8\frac{1}{2}$
支加斯拉夫喀	$9\frac{1}{2}$
德意志	12
比利时	16
大不列颠	18
加拿大	20
美国	30

美国工人效能，比中国工人大三十倍，换言之，一个美国人可以值得华工三十人；结果，美国工价虽高，而工作的平均代价（average cost of work）比中国低数倍至数十倍，即就交通一项，

据美国 Julian Arnold 估计，中国所须交通费每华里每百斤（一石）须大洋一分，在美国交通费每英里每吨约须金洋一分。可知中国运费，比美国运费高二十倍，而美国工价，比中国工价常高二十倍至二十五倍。（注九三）

美国工人效能之高，大致有两个原因：

（甲）机械工人之发明　工作是马力的结果，世界可以发生马力的东西，有四类：第一是人，第二是煤，第三是石油，第四是水。在野蛮社会人是惟一工作动机，后物质进化，机械发明，渐用煤以制造马力。吾人名之为煤铁世界，今则石油（petroleum）兼水电渐渐通用。如是物质文明愈进步，机械愈发明。煤水石油之用途愈广，机械奴隶（mechanical slaves）愈多，每一工人的效能愈高。现在中国工人实是工作的奴隶。现在美国的工人是大多数机械奴隶的监督。同时机械奴隶，不须工价饮食，所以机械奴隶一切的工作，都归工人本身上，工人的价值及效能，乃日益高。

（乙）工作方法之进步：有四点（甲）消费重复工作，例如有了自来水可免天天去挑水；（乙）消除工作进行的一切障碍物，例如大轮船便可避风浪；（丙）消除工人的无目的动作即现今的动作研究（motion study）；（丁）工作的大规模组织。

要提高中国工人效能，非从这几项早下工夫不可！

（六）职业分配

研究人口的工作能力方法除职业人口之百分数及工人效能外，尚有职业的分配。在经济自给的国家（economically self sufficient）其人口中必农工并重。其职业人口中，农人工人，约各占30%至35%，商人约占20%，专门职业人约占15%至20%，家庭及个人服役约占5%。此外工商业不发达的国家，农业人口百分数高；工业发达而农业不发达的国家，工业人口百分数高。兹以美国近五十年职业分配变迁情形列表如下：（第二十九表）

第二十九表　美国人口职业分配之百分率（注九四）

职业	一八八〇年	一八九〇年	一九〇〇年	一九一〇年	一九二〇年
农业	44.3	37.7	35.7	32.9	26.3
专门职业	3.5	4.1	4.3	4.8	7.1（注九五）
家庭及个人服役职业	19.7	19.6	19.2	14.4	8.1
商务及运输事业	10.7	14.6	16.4	19.9	25.1（注九六）
手工制造业及机械工业	21.8	35.0	24.4	28.3	33.4（注九七）

欧洲各国人口职业，亦依本国经济情形而定，兹举数例如下：（见第三十表）

第三十表　英法德意比人口职业分配情形（注九八）

国名	农	工与矿	商	其他
英伦及威尔士	7.5	51.1	22.4	19.0
苏格兰	10.1	54.5	20.7	14.7
法	40.7	35.8	9.8	13.7
德	35.2	40.0	12.4	12.4
意	55.5	27.5	8.1	8.9
比	16.6	50.7	17.4	15.3

英属印度的社会，与中国约相同；其一九二一年调查所得人口职业之分配，可作参考：(见第三十一表)

第三十一表　英属印度人口职业分配表

农业	72%
工业	11%
运输事业	1.4%
商业	6%
官吏	1.6%
专门职业	1.7%
家庭及个人服役	1.5
其他	5%

中国人口对于职业上分布无确实之调查。依民国五年第五次农商统计所载如下：

农户	59,028,865 户
工厂制造工人	男工 234,152 人
	女工 231,103 人
	共 465,255 人
矿工	共 417,659 人
商人	共 215,905 人
其他职业	共 9,230,976 人

至于运输业人数，该统计中无估计数目；然依威尔柯（Roger D. Wolcott）之《世界地理》(一九二〇年商务书馆出版)所载中国从事于运输人数，实占全国劳力五分之一。其数约为二千万人。霍氏结论谓此为中国生产低下之一重要原因。盖在欧美各国，仅须男子 5% 之人数，足供运输之用而有余云。(注九九)这个估计，虽不能认为精确，可知中国是一个农业国，农业人口，占中国人口总数之大部分；其次为小买卖及手工业；其次为运输，其次为

家庭及个人服役职业。至于大工业大商业及专门职业，人口数目为数甚小。

中国农民人口百分数之多，于生产上极不利。在美国以人口30%业农而供给人口全部的食物；使70%的人口，能从事于工商教育及其他活动。在中国以人口85%，专供制作饮食之用，只留15%，能从事于工商教育及其他活动。关于工商之发展程度，文化美术科学教育之创造，政治及社会工作之活动；中美两国之差，于此可见！

第七章　中国人口之迁徙

（一）人口迁徙种类

人口迁徙通常分国内的迁徙，及国际的迁徙两种。又有自甲地至乙地，及由甲业改乙业两项。近世之所谓劳工流动（mobility of labor）即国内迁徙的显例。往昔地方风俗社会阶级（caste system）法律上居住之限制（settlement laws）交通阻滞等原因，人口不能自由迁徙。今则此类碍物，渐渐打破；人民受经济动机的压迫，常逐机遇而迁徙无定了。

国际间的迁徙，分迁出（emigration）或移入（immigration）二种。人民迁出母国的属土，该属土，即成殖民地。殖民地有两种，一为占领的殖民地（colonies for occupation），即作过剩人口所住之地。一为营利的殖民地（colonies for exploitation），即开采该殖民地富源，以供给母国制造材料，并以之作为母国过剩出产的宣泄地。若甲独立国人民移入乙独立国，其情形与殖民地不同。独立国移入之民，必受新国的统制。在殖民地移入之民，不独仍受本国统治，且时常在政治上经济上统治新地土人。中国在名义上，虽为独立国；而在华有治外法权之条约国侨民不受中国法律的统治，受该侨民本国法律的统制。其居留中国目的，大半系利用中国劳工及原料的低廉，及中国之能吸收大宗制造品而营利。如此，直不递视中国为一种公共的营利殖民地，故中山先生叫中国为"次殖民地"。

中国人民迁徙的方向　中国人是否在黄河流域发源，是人类学上一个疑案。若不是本地发源，吾人即系古代移民的子孙。中国古代殖民运动，此时毋庸讨论；现代移民运动，大概分两个方向：

第一，是从北方各省，如山东、直隶等，而入满蒙；

第二，是从广东、福建两省，移入南洋群岛及其他各国。

此外在大旱或大兵之后，十八省内的人民，在省与省之间，互有迁徙。譬如在清初时四川、云南人口的恢复，几全由于两湖及江西人民之移入。太平革命后，湖北人民，向四川移殖者甚多。

移民有"回家移殖"及"入境移殖"两种。在前者移去新地后，仍认原地为真正家乡；并希望于最短时间内，经济上稍有发展后，即束装返里。在北方受饥荒各地，因人烟稠密，食物稀少，即去内蒙或东三省。到了冬天，仍回原地。但近年来，北方移民，渐趋重入境移殖。即认新地为永久居住地，一时无返原地的希望。依已往经验，"回家移殖"多系个人移殖，即只身往新地，不带眷属。入境移殖，多系"家族移殖"。依华洋义赈会调查于一九二一年山东沾化移出人家达283户之多；直隶邯郸达200户之多，这都是去不复还的移民。

（二）中国人口移殖原因

最重要的移殖原因就是人口过剩的压力。依一九二〇年农商部调查49,359,589农户，只种1,617,318,458亩地（约269,553,076英亩）。每一农庄。只5.5英亩地。依一九一〇年民政部调查，中国本部，每家为5.5人，东三省为8.3人，是每人平均所有耕地，不及一英亩。此所以大多数农夫，终岁劳苦，不得一饱。若能冒险海外及边陲，可以解决生活的压力，当然是欢迎的！

广东、福建、山东及直隶，移民最多；第一这四省的饥荒，特别的多，强迫人民出外。第二这四省近海，并且有很好的海口岸，如直隶有天津、秦皇岛；山东有芝罘、青岛、威海卫；福建有福州及厦门；广东有汕头、广州、香港等。海运方便，跳在船上便到新地，容易使人有远出志向。

第三个移殖原因，就是喜冒险，得一种新知识、新环境、新经验。尤其听归国的移民说新地方怎样的好，如是人人个个也发生野心。更有许多移民去国时，一文不名；返国时，团团富翁；一切荣华富贵，都从移殖得来。这些好奇求财的心理，便激发多少少年去移殖了。

（三）中国人口之北迁

满清入关以前，汉族业在辽河流域耕植。后清廷竭力设法，使满人在满洲生聚，对于汉人入境严加取缔。但满人天性，素不习农，结果南满农业，仍由汉人经营。中满北满及内外蒙古一带，即无汉人移居，亦无农业可言。在道光的时候，满洲开放，准由汉人购买土地，直隶、山东的人民，渐多迁往，从此日见繁盛，尤以近十五年之增进为最速。据熟悉情形的人估计，近二三年来，每年移殖满洲人数，达一百万人左右。今年因山东、直隶遭受不断的兵灾和天灾，移出民数，或可以到二百万。（注一〇〇）

满洲人口密度，比美国人口密度，约高70%，其人烟不可谓稀。但美国生活程度高昂，满洲生活程度低廉，不能相提并论。况南满户口虽较稠密，北满户口犹甚稀少，黑龙江省每方英里密度约为十二，较奉天少十分之九，较吉林少五分之四，固大有容纳的余地。满洲移民发达约有四因，第一，满洲土地容易开垦，租买价均公允。第二，满洲有各种实业，足以招致移民。最著的，为煤矿及铁路。第三，由直隶、山东往满洲的交通极方便，陆有铁路，水有海运。第四，国内连年战争，人民经济困难，内地人民，多迫于境遇，离弃乡井，以谋生活。满洲与关内隔阂，地方上比较安谧，因此近年满洲入境移民更比往年为多。蒙古的人口密度，较满洲低数十倍，其面积较大，因交通不便，除内蒙古一部分外，移殖的人尚少。近年来，俄人在蒙古极力经营，冯军（国民军）又极力从事垦殖，在最近时期内，或者有重要移殖运动发现。

由直鲁移入满洲要道；第一，由陆路至满洲，大都自天津搭京奉车东进；第二，循海道至大连，或乘汽船帆船或其他船只至营口或安东。一九二五年九月以来，移民多取陆路；后京奉大抵专供军事运输，移民多取海道。海道运输，几尽由日本人经营，为鼓励移殖起见，铁路轮船对于载运大批移民常特别减价；如青岛至大连之三等舱位，定价日金七元，移民约仅收两元。且移民可坐货舱，船公司亦作货物看待，运费更低了。民国十四年，交通部公布内地之工人农夫及其眷属，如乘京奉车或京绥车，由天津至奉天省城，或营口，每人减收车费四元，自大凌河至奉天省城每人减收车费一元四角，自大凌河至营口每人减收车费一元。童稚不满十二岁，以及农具重量之在若干以下的，均免收运费。

此外政府曾特别开放满洲土地，并在山东、直隶及奉天等处出示，劝导各该处人民前往满洲，从事耕殖。同时东三省当道在天津设一招工局，招募直省之失业贫民，往满洲开垦荒地。除由局中担任旅费外，并酌给赡养家属津贴。同时日人为经营满洲煤矿，须大宗工人，在直隶、山东两省，设立招工处，由华工头经手，招募华工。所需招募费用，由公司垫付。没有招工局的地方，或无招工经理之移民（内中多难民），各地商会及饭馆，均设法救济，供给伙食或接济路费。移工在满洲做工，以抚顺煤矿及南满铁路所给工资为最厚。就抚顺煤矿论，移民做工一日，得工资日金五角二分至五角四分。普通半工，日得日金三角三分。农民移殖满洲，并不立即租赁或购买田地，大抵到满后先为其亲戚或友朋帮助耕种，每年约得工资十元至十二元，分两次给付，食宿则由地主供给。

一九二三及一九二四年移殖满洲的人每年约四十万；一九二五年约五十万，一九二六年约六十万，今则增到一百万。一九二五年以前，移民中有75%系春往冬归，去时最旺月份，为阳历三月，次四月，五月，夏季较少。自十月起，逐渐遄返故土；其中以一月间回家的为最多。移民归家，有两种用意，一为旧历度岁，一为避满洲冬令之严寒。近两年满洲入境移民大增，回家移民大减。其原因有二：第一，近来移民大都系开垦新地，服务路矿以及其他职业，性质较为稳定。第二，近年国内战争剧烈，一大部分移民，因兵燹以后，无以为生。乃尽室远去，以谋生计，是在临时之行，已乏遄返乡井之意。（注一〇一）

（四）中国人民之海外移殖

中国民族移殖海外，约分三大期。第一期，在七世纪时，大宗闽广人，移居澎湖及台湾诸岛。第二，在十五世纪间，明成祖太监郑和遍历"西洋"（即南洋群岛一带）宣示中国威德，赐各地的酋长君主，若不服即以兵慑之。计马来半岛以东有十五国，满剌加有三国，苏门答剌有七国，印度有六国，阿那伯[①]有五国，亚非利加沿岸有三国，又有吕宋等贡献中国朝廷。各地土人亦利用中国货物，益互市通商，交通大启。从此我国国民之移殖南洋群岛的，络绎不绝。

第三期的移殖运动，始自十九世纪中叶。当时欧洲国家主义盛行，西班牙、葡萄牙、荷兰、大不列颠及其他强国竞向海外取夺殖民地，开发富源，以增加其经济力及政治力。但开发富源，必须劳工。列强人口有限，供不应求。各殖民地土人又多未开化，不易供用。中国的人力，是无限的。中国工人不独勤俭耐苦，且工价低廉，善于耕种。所以列强在各殖民地，极力鼓励华工入境，最初取私人合同办法（labor contract），后更与中国政府订立条约，实行大批运送。

华人最初所用的海运方法，为帆船。后移殖发达，人数加多；乃改用轮船。又同时组织招工公司，专包揽招募及运输华工之事。若某殖民地须华工若干人，即有遣一代表该政府或代表某私人公司之招工委员来华。与中国的招工经理接洽，订立合同。合同书明所需华工人数，雇用情形，及雇用期限。合同订好后，中国经

[①] 为"阿拉伯"旧译。——编辑注

理，即在各地招募。应招的人，运往出发点，如厦门、香港等地，经过身体试验后，即载往目的地。其未经身体试验的人，抵目的地后，须试验一次。如不合格，由经理负责运回中国。关于招工一切费用，均由招工公司负责。中国经理，得固定的经手费。

华工路费向由公司发给。抵目的地后，即与年薪些许，作生活费。垦发土地若干亩，垦发后，华工与公司各得地价之半。有时公司不给路费及其他零用费。但华工可向公司预借款项若干，土地垦发后，以地价全部归华工所有。但华工还清欠款外，以地价百分之若干（大约20%）缴纳公司，作为酬金。华工出洋，不受移殖公司经理的到目的地后，多请海外的亲戚帮助。

一九〇四年至一九一〇年，南非洲之德兰士瓦（Transvaal）政府及欧战期间之法国政府，与中国政府订立条约，招募华工。条约内载明工作情形及时期。关于招募手续，常指私人经理担任；运输及工作，由雇主政府负责管理。华工回国后之遣散及工作期间之待遇，中国政府负监理之责。（注一〇二）

（五）海外殖民政策之变迁

我国政府，向来视本国人民向外国移殖为一种国耻。孟子云"尊贤使能，俊杰在位，则天下之士，皆悦而愿立于其朝矣。市廛而不征，法而不廛，则天下之商，皆悦而愿藏于其市矣。关讥而不征，则天下之旅，皆悦而愿出于其途矣。耕者助而不税，则天下之农，皆悦而愿耕于其野矣。廛无夫里之布，则天下之民，皆悦而愿为氓矣"。反之，本国的士农工商，向外国移殖，即朝政弛废的一个证据，朝廷引为羞耻，在古代与中国毗邻各国，多未开化，去父母之邦，而入蛮夷之国，于个人为不便，于家国亦属不利。除小部分因犯法充军外，自动向外国移殖的，社会公认之为忘亲背义。在法律上，离去父母之邦，变作他国国民，直等于通敌叛国，罪不容于死。

因此种种，中国政府，不独不奖励海外移殖，且认移殖为叛国罪。对于海外华侨，直视同顽民，不加保护。在十七世纪初叶，腓力滨群岛的西班牙政府屠杀华侨三万余人，后西班牙恐中国谋报复，引起国际战争，遣使道歉。中国政府，谓叛国顽民，无保护之必要，且死有余辜。乾隆时代，爪哇华侨万人被杀，葡萄牙政府亦遣使道歉，中国政府与以同样的答复。

列强谋招募华工，开垦其殖民地，中国政府严加禁止。经各国政府，再三恳请，始允由政府限制数目，监督出境。鸦片战争后，开辟商埠，在华外侨，日渐增加，各国政府，对于在华侨民，不独不加处罚，且极力保护；不独不为耻辱，且认伸张势力为国家之荣。久之，清政府恍然省悟，改变旧日的闭关政策，在十九世纪中叶，在各国本土及属地设立领事，保护华侨。同时法律明定，准许华侨返国，并予以相当保护。近年来更设侨务局，至少在名义上，关于侨务一项，取一种积极政策。

（六）海外移殖性质及华侨总数

海外移民，多来自福建、广东二省，多系个人移殖。因系个人，必不久居新地，稍有储蓄后，即装束返国。此种移民，吾人认之为"回家移殖"；与满蒙之"入境移殖"不同。前者认新地为临时职业地点，后者认新地为永久居住地。海外移殖，多系"个人"及"回家"移殖，有三原因：

一、列强虽必借用华工，以开垦其殖民地；但极不愿华工作久居之计，否则有被华人吞并新土的危险。

二、新地生活，与中国生活，有时绝对不同，不能适应新生活的人，即不能久留新地。

三、华工故乡观念太重。

但近年来，闽粤人，亦多主张全家移殖的。虽不敢说要永留异地，总是父母妻子都去工作，多赚一点钱回来。

海外华侨总数，各种估计数目，相差甚远，大致约九百万。兹将各种估计列表如下：（见第三十二表）

第三十二表　海外华侨各种估计

农商部估计	8,677,000（注一〇三）
外交部估计（一九一三年发表）	8,792,160（注一〇四）
第一回中国年鉴	7,133,910（注一〇五）
陈达氏一九二二年估计	8,179,582（注一〇六）
德国一九〇四年估计	7,642,650（注一〇七）

兹将陈君估计详录如下：

安南	197,000
缅甸	134,600
印度	1,023,500
台湾	2,258,650
香港	314,390
爪哇	1,825,700
日本	17,700
朝鲜	11,300

续表

澳门	74,560
暹逻	1,500,000
海峡殖民地	432,764
菲律宾群岛	55,212
西比利亚	37,000
檀香山	23,507
美国大陆	61,639
墨西哥	3000
加拿大	12,000
秘鲁	45,000
古巴	90,000
巴西	20,000
澳洲	35,000
欧洲	1760
南非洲	5000
共	8,179,582

（七）移殖对于本国社会影响

中国海外华侨，虽不及本国人口总数2%，而影响却不小。第一，海外的中国侨民，每年以力役之所得，汇归本国的款项在一亿万元以上。吾国国际贸易，输入超过输出，现金不外溢，以至成为漏卮者，赖有此款为之填补。第二，侨民目睹外国的政治及经济进步，痛恨本国事事不能振兴，救国热心，从此膨胀。所以南方革命党的活动，必依靠华侨的经济帮助，因此中国政治，每每南方人喜进取，北方人喜守旧，南北战争延长十余年。第三，侨民因能在海外自谋衣食，遂渐渐脱离旧家庭的势力而独立。设使在外国娶一外国夫人时，（此事颇多）便因之打破旧家庭制度，同时打破旧迷信及旧思想而输入新思想及新式生活。第四，中国人口的性比例，已如上述。男子超过于女子数，比各国高；移殖及当兵，可以减少男子过剩的压力。因中国侨民，多不带家室也。此外移民有一坏处；迁出人民，大率为身心强健，善事工作，且勇往奋发之壮丁。一旦迁出，使本国人口老弱之比例增加。在短期内必致减少本国生产。并有时引人种退化。不过中国移出之民，为数甚少，在人口全部、社会上及生理上，不致大受影响。

（八）华侨在国外地位

海外华侨在国外的社会及经济地位，因地方而不同。在日本帝国境内，有华侨约三百万人。其中五分之三居在台湾，因台湾原系中国属地。日本本国有华侨万余，日本政府，禁止华工入境，但准许华人入籍，而久住日本境内。在朝鲜、大连等地的华人多系富商，在经济上，占优胜地位。在英属各殖民地内，有华侨约一百四十万；在南洋各地，因土人游惰，英国当局，欢迎华人入境；华人在社会上及经济上，极占优胜。在加拿大、纽西兰、澳大利亚等地，因白种工人竞争激烈。不准华工入境，载在法律，雷厉风行。华人社会地位，因受排斥，故不甚高。

在美国，亦如此。美国西部，未开发以前，开矿拓地及筑铁路，均须华工，故欢迎华工入境。华工赴美的，年以万计。厥后西部发展，白种工人迁来的日多一日，在一八七五年至一八八五年间，遂有排斥华人种种暴动。每次暴动，华人被杀伤者，少则数十，多则数千。美国政府对于此种暴动，不加干涉；对华人的生命财产，亦不肯保护。于是中国政府向美国政府提出抗议。美政府答复，谓美国采取联邦制，保护华侨，事属各州管理，中央政府无权干涉云，在一八八二年及一九〇四年，美国联邦议会两次通过禁止华人入境律。在一九〇四所通过法律内，凡华人除学生官吏及商人外不许入境。

在檀香山的华侨，经济地位甚优，但美国当局，亦排斥不遗余力，致使檀香山的中国人口，日少一日；檀香山许多工业如米业等，亦退化了。腓力滨群岛的经济富源，几有一半操于华人之手，华人的经济及社会势力，故极大。美当局亦极力排斥华人，在一九二〇年所通过的"簿记法"，限制腓力滨境内各商店各私人账目，用英文记载；使华人大感不便，即其一端。

总之，关于海外华侨的社会地位及经济势力，有两个结果：（一）在白种人的国家，与白种工人的经济竞争激烈，白种国政府，实行排斥华工以保全白工的权利，结果，华人社会地位低，经济势力亦不发展；（二）在非白人的土地内，虽多系欧美各国的殖民地，土人游惰，经济能力薄弱，故土人与华人竞争不激烈；华人社会地位高，经济势力发达。各该地华人势力，有时亦非欧美人所能抗衡。

第八章　中国境内的外国侨民

（一）居华外侨之缘起

研究中国人口的迁徙，不可不约略讨论外人来华的缘起及其近况。西历纪元后第七世纪时即有阿那伯人在广东设立工厂，缴纳捐税，并派遣商务经理。在唐朝时候，阿那伯和波斯人在浙江口岸经营大宗贸易，同时外人在中国传教事业发达，景教即在这个时候，传入中国，现西安府有景教碑，记载其事。在元朝时候，来华游历的西洋人日多，卢立克（Rubruquis）、考维纳（Monte Corvino）、奥杜里（Odorie）皆名闻一时；尤以马可波罗（Marco Polo）为最著名。明初通使"西洋"（即南洋群岛）威扬海外。惟交通仍不方便，国际上之关系甚微。

至明孝宗时（西历一四八八年至一五〇六年）葡萄牙人发见印度航路，葡王设印度总督，以掌贸易拓殖之务；置僧正，以综理东洋布教之事。不数年葡人附航船入中国，欧洲船舶，实行内渡。于是印度葡督遣使明廷，求缔约通商。到明世宗的时候（西历一五二二年至一五六七年）葡人来华日众，广东附近有葡人居留地三：上川、电白及澳门。广东外更有宁波、泉州等地，为葡商出入之所。惟每每因事与地方官吏冲突，驱逐出境，独留澳门。先认为租地，建置商埠。至思宗时，（西历一六二七年至一六四四年）葡人在澳门建官置吏，视为属地。

同时天主教徒，在北京竭力进行。深得明政府信用，充任各种重要职务。利马窦为意大利天主教徒，于一五七七年，至广东。越二十一年至北京。在北京建筑天主教堂，大为当时士人所欢迎。臣民奉教的，达数千人。思宗（即崇祯）及永历帝之母后，均受洗为信徒。当时西洋教徒来华，非只传教，且挟有各项科学，足裨时用；故朝廷利用之；布教因无阻力。

继葡萄牙而来中国通商的，有西班牙、荷兰、英吉利；不久他国续至，中外贸易益盛。来华外人数，亦日益加多。至清代先后与俄、英、法、美等国，订立商约，开辟商埠。非但中国对外贸易，从此确定；即外人之在商埠内居住营业，亦成为一种协定的权利了。

（二）优待外侨的政策

中国政府，虽极力取缔本国人民迁出国境，却十分欢迎外国人民迁入中国，归化为中国百姓。这种政策，也是本于儒家学说；人民出国，是政治不良的现象；反之外人归化，就是政治昌明结果。所以自十七世纪末叶至鸦片战争，中国政府，不独有排外性质，且对在华外侨，极力优待。甚至为外侨，建立礼拜堂，修理贸易所，以利祈祷及通商。

政府之政策如此，但排外风潮，时常发生。大致有两种原因：

第一，一般平民，无国际观念，对于外侨，言语隔阂，习俗不同，不免时生误会。第二，外侨来华，不明中国习惯礼俗，又因待遇过优，渐生骄态，对于中国长官的命令及地方习俗，不肯服从；有时且受本国政府指挥，谋政治上及经济上的侵略，故不能为中国人民所容。

（三）在华外侨之增加

在华外侨，现有三十余万，约占中国人口总数万分之七；但近来增加甚速。在光绪十六年（西历一八九〇年）外侨总数为8081人，其中以英人为最多，次美国人，次日本人，再次为德国人（见第三十三表）。至光绪二十四年（西历一八九八年），旅华外侨人数增加了66%，每年约增8%有余。其中以英国人为最多，日本人次之（见第三十四表）。至光绪二十四年，约增28%。民国以来，逐年递加，民国十年及十一年人数虽稍减，至十二年，仍继续增加。（见第三十五表）

第三十三表　一八九〇年在华外侨总数

英国人	3317
俄国人	131
美国人	1153
丹麦人	81
日本人	883
意大利人	74
德国人	648
澳大利亚人	65

续表

葡萄牙人	610
荷兰人	41
法国人	589
比国人	28
西班牙人	304
巴西人	2
瑞典及挪威人	155
总计 8081 人	

第三十四表　一八九八年在华外侨总数

英国人	5148	斯堪狄纳维亚人	200
日本人	1698	比国人	169
葡萄牙人	1082	俄国人	165
美国人	1056	丹麦人	162
德国人	1043	意大利人	141
法国人	920	荷兰人	87
西班牙人	395	其他国人	155
总计 13,421 人			

观第三十五表，可见民国以来旅华外侨，以日本人为最多，次俄人，次英人，次美国人。仅就民国十四年论，旅华的日本人，占外侨总数 64.8%，俄人居 23.7%，英人居 4.5%，美人居 2.9%，葡萄牙人居 1.1%，德人居 0.9%，法人居 0.7%，其他国籍人居总数 1.4%。

外人来华之最初目的，在于经商。所设商铺，大都在通商口岸，经理进出口货。前清光绪二十四年，中国境内共有外人开设商行 773 家。其中最多者，为英商约居 50%。次为日商，次德商，再次为美商、法商、葡商、俄商、比商、意商等。其后逐渐加增，民国元年（一九一二年）以来外国商行总数如下：（第三十六表）

第三十五表　民国元年至民国十四年旅华外侨国别人数表

国别	美国人	奥国人	比国人	巴西人	英国人	智利人	捷克人	丹麦人	荷兰人	芬兰人	法国人	德国人
民国元年	3869	238	245	9	8690			279	157		3133	2817
二年	5340	419	178		8966			354	161		2292	2949
三年	4365	202	173		8914			330	218		1864	3013
四年	4716	241	172		8641			352	253		1649	3740
五年	5580	296	286		9099			397	277		2374	3792
六年	5618	317	324		8479			450	298		2262	2899
七年	5766	271	360	16	7953			475	277		2540	2651
八年	6660	27	291		13,234			546	367		4409	1335
九年	7269	24	592	10	11,082			545	401		2753	1013
十年	8230	40	505	42	9298			547	486		2453	1255
十一年	9153	71	598	42	11,855		125	617	486		2300	1986
十二年	9356	52	630	28	14,775		136	608	553		3361	2233
十三年	8817	100	573	1	14,701	24	140	628	448	6	2715	2733
十四年	9844	193	549	1	15,247		156	626	469	2	2576	3050

续表

匈牙利人	意大利人	日本人	墨西哥人	挪威人	波兰人	葡萄牙人	俄国人	西班牙人	瑞典人	瑞士人	无约国人	总数
27	537	75,210		250		2785	45,908	224	189		97	144,754
21	355	80,219		249		3486	56,765	136	292		1645	163,827
16	409	84,948		258		3187	56,319	279	216		95	164,807
22	409	101,589		259		3300	56,230	308	381		142	182,404
34	400	104,275		327		2293	55,235	366	423		159	185,613
19	416	144,492		277		2297	51,310	300	513		215	220,485
7	535	159,950		279		2417	59,719	298	530		343	244,527
11	276	71,485	1	249		2390	148,170	272	632		536	250,991
8	504	153,918	1	373	227	2282	144,413	385	464		132	326,069
8	587	144,434		1		3493	68,250	286	434	350	193	240,769
13	623	152,848	1	320		3596	96,727	295	442	400	43	282,419
	674	201,704		520	45	3424	85,856	323	226		33	324,947（甲）
1	681	198,206	8	575	5	3657	85,766	314	225	429	75	320,829（乙）
1	783	218,351	12	575	1	3739	79,785	216	189	429	47	336,841

（甲）内有希腊人十名

（乙）内有拉脱维亚人一名

第三十六表　一九一二至一九二五年在华外国商行总数

年	商行数	年	商行数
一九一二	2327	一九一九	8015
一九一三	3805	一九二〇	7375
一九一四	3421	一九二一	9511
一九一五	4735	一九二二	7021
一九一六	4724	一九二三	6995
一九一七	7055	一九二四	7286
一九一八	6930	一九二五	7743

至于国别在一九二五年日本商行约占60%，俄国占12%，英国占9%，美商占6%，德商占4%，法商及葡商各占2.3%，其他各国商行共占4.4%。除经商外，旅华外侨的职务，为传教。此外中国之海关、盐务、邮政、电政，以及其他政府机关、教育机关，均任用外人甚多。即海关一项据最近统计，现共用外人1145名，约居海关人员总数11%有奇。中国邮政局，亦用外人120名。中国盐务，因善后借款关系，必任用外人，截至一九二六年年底，计共用英人28名，法人12名，日人10名，美人3名，其他国籍人10名。（注一〇八）

第九章　中国人口的品质问题

（一）质与量的问题

我们以前所讨论的是人口的数目问题：……如人口的总数、人口的增加率、人口密度、人口分布、生产率、死亡率、婴孩死亡率、性比例、年龄及职业之分配，与人口的迁徙，都是数目问题。本章所讨论的，是人口的品质。前者是量的问题（problem of quantity），后者是质的问题（problem of quality）。"质"若不好，量多又何益于人道文化？人口品质问题之重要，可想而知。但人口问题中的质的问题，属于生理学及心理学范围内，本章讨论从略。

（二）遗传与文化

父母之身体上及心理上性质之传于其子女，谓之遗传（heredity）。质的问题，是人类遗传的问题。质之改良，就是优生问题（eugenics）。优生运动（the eugenic movement）就是要用人为方法，去改良种族品质的一个运动。自尧舜以后，中国的文化，大大开发；自希腊以后，西洋的文化，亦大大开发。从此时间愈久，文化的储积（cultural accumulation）愈充富，社会变化的速力（velocity of social change）愈增，文化的进步愈速。从一百万年以前，至西历前五世纪，人类文化进化的成迹，不及纪元前五世纪至纪元后十八世纪之速。就时间而论，前者包括一百万年，后者只包括二千三百年。自十八世纪至今，不及二百年。而二百年内，世界文化的进步，远胜于十八世纪以前二千五百年的成迹。现在的社会，比十八世纪及十九世纪的社会变化愈快，进步愈速，日新月异，有不可想象之势。

遗传的进步，则大大不然。史前人类的生理品质，吾人现无从评判。纪元前五世纪以后至今日，凡二千四百年。其中遗传的进化几等于零。周秦及希腊的社会，比之今日的社会，固相差甚远。而现代人的天资身体，则不必胜于孔孟庄老、管仲、孙武、苏秦、张仪、苏格拉底（Socrates）、柏拉图（Plato）及亚历斯多德（Aristotle）的天资身体。何以社会文化的进步这样快，而生理品质的进步这样慢咧？其中有两个原因：

一、在文化的遗传中，人类实行选择法。好的文化，我们极力保存，而发展之。不好的文化，我们极力屏绝之。在生理的遗传中，人类从来没有实行过选择法的。才智之士和疯痴愚拙的人，都听他自自然然去生产。在社会方面，从来没有设法屏除愚拙人的生产，也没有极力奖励智慧的人的加多！

二、社会的变化，我们不专靠地理环境为主动力的。地理环境的变化，是非常慢的。每次地势的变化，不是几百万年就是几万年。所以生理的变化，也就同样的慢了。

但种族品质，对于社会有最大的关系。种族是社会的原料，若要制造一样东西，原料不良，制造品也决不会高超的。现在一切贫穷疾病战争罪恶及其他社会进化的障碍，根本上有几成从人类品质不良所致。若人的身体和天资，能改良，社会问题便减少许多，文化进步更快了。改良种族的根本方法，便是生产的选择（selective breeding）。第一，制止愚拙疯癫及有传染病的人的生产，使在极短时期内，智力薄弱及身体残废的人，可以完全绝种。第二，奖励智力最高及身体最强壮的人的生产，于是每三十年智慧强健的百分数，可以加高一次。人类的平均智力，平均体力，及平均人寿，也就渐渐加高了。第三，打破"天命"的旧思想，不要专靠地质变迁及地理环境来改变人的生理；我们应发明机械方法，去改良遗传。

（三）中国古代的民质

从历史讲起，中国民族，有一种奇特的反抗力；即不被任何民族所同化或征服。五千年来，虽屡次受异族侵扰，终不至完全征服。除元清两代异族统治中国凡三五七年外，中国民族总是自主自理的。这个"不倒"的大原因，就是十九世纪以前，中国的文化，在亚洲为最高。附近民族，虽一时能以武力宰制中国，而最后必为中国文化所吸收。中国文化的中心人物，多生在西历前570年至250年之间。其余中世及近世人物，不过把古代学术，画蛇添足，没有很多实在的贡献和发明。中国古代在哲学，有老庄孔墨。讲政治有尧舜禹汤文武周公，讲武功有秦始皇、楚项羽、韩信、张良、陈平、萧何。论机械有轩辕的指南针，有宋代的活字板和轮船，有诸葛的木牛流马，又有纸张、火药、瓷器、丝绸的发明。论工程有始皇的长城和隋炀的运河。这些人物，都是天才，他们所作的事业，他们的才智，不次于西洋的第一流人物。

古代文化发达，就可以证明古代民族的优秀。断无体质孱弱，智力微薄的民族，而能发展最高文化的。我们固无从实际测量古代民族的体质和智力。兹先拿几个代表作推测的标准。第一，古人的寿命必很长，夏后氏100岁，有虞氏110岁，陶唐氏117岁，高辛氏105岁，即孔子、孟子、庄子、老子的寿命，都很长的。第二身体高度，文王十尺，汤王九尺，曹交有九尺四寸，刘秀七尺三寸，都是很高的。这些记载固有许多不是精确的，但古人比今人高，古人寿命比今人长，是大致不错的。至于智力，虽无从测量，上古的社会制度、伦理思想、诗歌文学、物质发明、工程建筑，及一切武功外交都可以从历史上研究参考的，都是上古人物智力高强的铁证。（注一〇九）

（四）今日民族的弱点

今日民族则有大不如古之势。长此退化，中国人民，有受天然淘汰，亡国灭种的危险。我们拿中国民族和欧美先进国民族来比较。第一，中国到处是暮气沉沉，在西洋的社会，到处有鲜花怒放的气象。我们事事退让，西洋人事事向前进去。论东西文化的哲学家，已说得很详尽，此地无庸赘述。（注一一〇）第二，论高度，古人十尺九尺，纵然周尺只抵现代的尺八寸，他们总在西尺六尺以上。西洋人平均高五尺八寸（西洋尺），而中国人只五尺二寸。第三，论重量，西人二十至四十岁，每人平均身重约百四十磅，我国同年龄的人们，每人平均身重百十五磅而弱。第四，论平均寿命，瑞典、挪威人的寿命在欧洲最高，平均约五十岁，英美人约四十五岁，法人及日本人约四十四岁，德人约三十九岁，奥地利及西班牙人的平均寿命，在欧洲为最短的，为三十三岁。今日中国人的寿命则不到三十岁。第五，论民族残废愚鲁人数，在美国占人口总数中2%，中国的百分数，尚未有调查。不过依最浅显观察，残废愚鲁必在2%以上。克卜氏在广东乡村的调查，残废人数，即占4.3%。依德尔迈教授的中国全国小学校教育测量，全国小学校学生，至少有40%其智力不及常格。第六，论婴孩死亡率及死亡率中国比西洋人大二倍至三倍。最后从心理态度方面比较，中国人缺合作力、审美力、实行力、冒险性、创造性、坚持性、领袖性，这些心理缺点，或者都是因为体魄不充足，教育不得法所致。（注一一一）

在这个弱肉强食时代，不进则退，不强则亡。断不能像往古三千年，闭关自守，苟延残喘可也。不独中国民族的品质，天天退化，不能与列强民族相抗衡。且中国民族的增加率，大不如前。品质加坏了，数目减少了，从历史的看法，不是亡国灭种的先兆么？中山在民族主义中，要我们振刷民族精神，提高人口增加率改良民质，诚中肯之谈。但依世界人口学及生物学专家研究，大凡一民族中，教育普及，文化优越，生活程度加高，品质改良，即生产率减低，死亡率更低，增加率反加高，民族势力发达。反之，像中国和印度，教育不发达，生活程度低，生产率高，死亡率亦高，增加率反低，民族势力薄弱。所以"数"的问题，又靠"质"的问题了！

第十章　解决中国人口问题的方法

（一）中国的人口问题

综合以上的讨论，中国的人口，发生以下问题：

一、中国人口增加问题　依陈君推算中国人口近七十年来，增加率不及 1‰。自一八〇〇年后增加率只 3‰。而同时白种人的增加率在 12‰，有时且 13.5‰（注一一二）。相形见绌，关于我国民族将来立足地，大有可虑之点。

二、中国人口分布不平均问题　世界各国人口的分布之不平均，几以中国为最。在蒙古新疆，每方里密度，为二。而江浙的密度，在六百以上。耕地密度，达一一六五之多。农村密度，有时高至七千。中国全国六分之五的人口，所住地不及三分之一。这种人口的分布不平均的结果，在内地则人口过剩，食物不敷，饥荒疾病，贫穷盗窃，战争革命，相逼而来，无可遏抑。在边地则沃地千里，而人烟绝灭，任外人去蹂躏罢了。

三、中国人口所占之地太小　中国人口，差不多占世界人口总数四分之一。而中国的土地只占世界各国土地总面积十三分之一。所以中国人口过剩的压力，比其余各国，平均大两倍有奇。复次,列强还天天拿他们的经济力政治力及其他方法,来削减我们的国土,吸收我国的精血,……所谓精血,指我国劳工和地富。

四、高死亡率问题　我国人口生产率在35‰左右,与日本相差不远,比苏俄及印度低,比英美法意高。同时死亡率,大概亦在30,有时过之。而欧美各国的死亡率,多在12至15之间,所以中国人口死亡率,至少比他们大一倍。我国婴孩死亡率,在250左右,比欧洲各国大一倍至二倍。结果,欧美及日本人口平均寿命,恒在40以上,而我们的平均寿命,不及30。

五、性比例不平均问题　中国男子多于女子,生产性比例在1150以上;而各国的生产性比例恒1100以下。在世界各国,男子死亡率,比女子死亡率高。中国不然,女子死亡率,比男子死亡率高。结果,中国的男子多于女子。其性比例,约有1100之高。从此推算中国每年过多男子,有二千二百万之多。所发生结果有五:(一)贫穷的男子独身;(二)社会伦理,强迫女子嫁人;(三)过多男子,因环境所迫,不得已去当兵或为盗;(四)中国娼妓业发达;(五)移出男子多独身去的。

六、年龄与生产问题　我国人口中至少有一半绝对不能生产,可生产而不肯生产的,又不知有多少。所以生产的人口的百分率,大约在20%至30%之间。以人口四分之一的劳力,供给人口四分之三的饥渴,未免太不公平。

七、种族精力的荒废问题　中国人口的婚姻率,在世界为最高的。中国人口的婚姻年龄,亦比较各国为早。中国人口的生产率最高,而因食物的限制和死亡率之高,中国人口增加率甚低,从种族的精力方面(race vitality)看来最不经济。何以故?婚姻生产，于男女个人的事业、时间和经济，都有相当牺牲，即种族精力的牺牲。这个牺牲，原为满足生物竞争的要求，即求种族繁殖。今中国人口所受的牺牲，比各国人口的牺牲大（因为婚姻率高，婚姻年龄低而生产率高），而所得结果，不及白人十二分之一（因我国人口增加率，在千分之一以下，而白人之增率，在十二分以上），其中相差，却不小了。此种对于我国种族精力无目的的荒废，应早设法制止。

八、移民政策缺乏问题　海外华侨约九百万，而政府绝无保护政策。满蒙西藏青海，都是可耕可居可开发的好地方，而政府无具体的积极的垦殖政策。致内地虽受人满之患，而一般人多不敢迁移。即自愿冒险迁移者，绝不能得母国的帮助。处处受盗匪的劫杀，及外人的苛待，又因移民不能减少内地人口压力，这些痛苦，都不过牺牲自己，为他人留一个插足地的义举罢了。

（二）解决人口问题办法

解决人口问题，分治标治本两种办法。治标办法，即谋本国人口过剩压力一时的减轻，但此不过临时的安慰而已。第一，人口问题，是世界的问题。与世界和平，有直接关系，苟中国问题解决，而其他各国，有人满过剩之患，各国势必提倡帝国主义及军阀主义，用经济力及政治力来侵略中国，牺牲中国的劳力及地富，而求本国人民的一饱。所以为防止亡国灭种起见，中国人不得不奖励生产，增加人口，——如中山所言。结果，世界的人满之患，日甚一日，将永无解决希望。第二，人也是一个动物。依生理律，有食物的地方，必有生命。中国的工商农愈发达，人口加增将愈速，最后的是人满之患。在欧洲十八世纪，有人满之患。二十世纪，仍有人满之患，且变本加厉。所以治标办法，虽减去一时的痛苦，不能得永远的安全，此治本方法之不可缓。

一、治标办法：

（甲）应用新农业方法，一面使农作物改良，一面增加每亩出产。

（乙）发达工商业。

（丙）将过剩人口，移殖人烟稀少的地方，如满蒙青海各处。

（丁）提倡职业教育，增加生产人口的百分率。

（戊）讲求公共卫生，减低死亡率。

（己）为改良人种起见，提倡优生运动。

二、治本办法：

（甲）世界各国合作，减少人口过剩之患。

　　（子）提倡迟婚运动。

　　（丑）提倡平民教育，打破旧思想，提倡"父母的自由"（voluntary parenthood）。并发生新社会及经济欲望，使生产率减少。

　　（寅）提倡全世界的生产节制运动，以解决全世界的人口问题。

（乙）根本世界正义，使各土地人口，得相当的分配。

上述几个办法中关于优生、殖边、公共卫生及生产节制，详细讨论如下。（注一一三）

（三）优生运动

优生运动的目的，大致分两种：积极的，是改良种族的原质。

消极的，是消除不良的遗传。关于消极方面又分二部：第一，分开反优生的阶级（dysgenic classes）如低能的人、疯癫的人、生而暴戾的人、有传染病的人等，使之不能结婚，不能生产。第二，消除伤害种族的毒物，如酒、鸦片、花柳，及肺病等。现在各国对于消极工作，如防疫、禁酒，及对待低能的人，颇有成效，中国对于此项工作，亦正在萌芽时代。对于积极工作，各国成迹尚少。改良人生原质（inborn nature）的问题，异常复杂。现今生物学、医学、公共卫生学，未臻精善时代，不易有革命的发明。使优生运动，有积极的进步。现在优生运动工作，大致如下：

一、研究遗传法律及婚姻问题。（如利用改良动植物方法而改良人种）

二、调查个人家庭之发展。

三、普及关于遗传的文字。

四、鼓励身体强壮及脑力充富的男女互相婚姻。

五、制止早婚及同姓结婚及有传染病、有神经病、有低能的、残废的结婚。

六、提倡体的教育。

七、反对娼妓、缠足、鸦片、赌博、酗酒等的存在。

八、提倡性的卫生，及性的教育。

（四）殖边运动

殖边运动的目的，第一在垦殖本国边地，如东三省、蒙古、新疆、西藏、青海等。第二在开辟内地的荒地。余君天休云"内地十八省之中尚有三分之一之地，可开辟者。故各省各县各乡村皆有殖边之问题矣。甚至北京城内，亦尚有殖边之可言，如南下洼、先农坛、天坛等地，即宜开垦之。"

余氏又拟殖边办法如下：

一、鼓吹时期：

（1）刊行出版物，收集鼓吹材料，公开演讲，与组织殖边协会。

（2）组织殖边学校，以训练一班学生，而备将来操持边地之行政事务。

（3）收集关于边地之书籍，并组织殖边图书馆。

（4）在全国各专门大学，设立关于殖边之讲坛。

（5）组织官立机关，以管理殖边运动之事宜。

（6）组织远征队及旅行团，调查边地之详细情形。

二、预备时期：

（1）筹集中外资本，以发展中国之边地。

（2）组织边业银行。

（3）组织边地垦植公司。

（4）组织边地铁路公司。

（5）组织边地工业及矿业公司。

（6）建设边地道路。

（7）组织运输公司。

（8）组织殖边雇员经理机关。

（9）组织边地传教协会青年会等机关。

（10）运输被裁兵士于边地。

（11）运输囚犯、乞丐、土匪、灾民等人于边地。

（12）分配劳工于各地。

三、实行时期：

（1）组织警察行政机关。

（2）设定租税制度。

（3）雇用被裁兵士，从事各种劳工。

（4）组织边地教育机关。

（5）组织地方政府与社会中心地。

（6）兴办地方实业。（注——四）

（五）公共卫生运动

公共卫生，消极的为制止一地方人民的传染病与非传染病，积极的先发展地方人民的体育。日本政府，关于公共卫生费用，达一万万日金以上，公共卫生之重要，于此可知。普通的公共卫生工作，大约包括下列事项：（一）生命统计（vital statistics），即记载一地方人民的生死疾病及其原因。（二）防疫（prevention of communicable diseases）。（三）摄生（sanitation），即消除致病之源。如查验牛奶厂，及其他项饮食；清理街道沟秽厕所等。（四）公共场所卫生事项之监督，如空气光线清洁等。（五）公共看护之设立。（六）卫生教育之提倡。（七）卫生试验。此外如儿童之养育，婚姻之监督等事项，公共卫生家均应注意。黄子方大夫对于中国公共卫生之提倡，拟出一个具体的办法如下：

一、国家公共卫生事业：（即卫生部）

（1）养成应用人才。

（2）中央模范城之筹划。

（3）地方行政卫生之奖掖。

（4）医务人才之培植。

（5）国民之卫生教育。

（6）疫务之调查报告，及生命统计。

（7）中央卫生试验所之设置。

（8）海港检疫及通商口岸之卫生事业。

二、城市公共卫生事业：

（1）卫生事务局，及卫生事务董事会之设立。

（2）提倡一般卫生事务，如取缔饮食、清除粪秽、除灭苍蝇等。

（3）编纂生命统计。

（4）提倡卫生教育。

（5）防范传染病。

（6）设立卫生试验所，及传染病院。

（7）医士、牙医、护士、接生妇、药剂士等之登录注册，及取缔。

三、卫生模范区事业　即在一城市中指定一小区域，施行严格的卫生政策。其工作包括学校卫生、公共卫生、看护、工厂卫生、普通卫生专业、花柳及痨病之处置，孕妇及孩童之保护，婴孩之保护等。（注一一五）

（六）论生产节制

儿女成群固是人生幸福。但有时经济能力薄弱，生产过多，负担加重，贫饿病死，频至沓来。在个人因性欲所驱，无法解决；

在社会则时时有人满之患，引起马尔塞斯所谓天然限制之痛苦。如贫穷、疾疫、饥荒、战争、内乱等等。即列强的帝国侵掠，军阀作恶，无非是谋人口问题的解决。惟土地的供给有限，而人的生产不已。人满之患，日甚一日，学者引以为忧。主张人口的道德节制，如迟婚、禁婚、隔离等。个人遏抑性欲，减少生产。但有时性欲冲动，非道德观念所可遏抑。乃有人主张用机械方法，节制生产。机械方法大概分两种。第一，是永久的节育，即用科学手术，解除生育的机能。第二，是暂时的避妊。至于详细方法，论生产节制之书，大概论及。为慎重起见，最好请教于受科学教育的外科医生。自生产节制运动发展之后，反对的人以为人为节制，与天然发育之理，不相符合，势将灭种。且破坏男女道德，人将变为禽兽，多方攻击，不遗余力。赞成的人谓从三点观念，生产节制，是新文明世界的福音。其三点如下：

（1）保护父母的神圣自由　凡愿意牺牲，养育子女的人，于个人无所不可。凡因身体原因、环境原因、经济原因、工作原因，不愿有儿女的，我们不应该使她们受自然的压迫，牺牲其自由，而强令他们做父亲做母亲。为保障男女的神圣自由，不可不提倡"自愿父母主义"（doctrine of voluntary parenthood）。

（2）保护未生的优生权　在文明社会之内，个个人应有优生之权（the right to be well-born）。即生后，社会应与以相当的经济机会及适宜的社会环境，能得良好的发育。苟不承认这个优生权，则人生如禽兽的生活，毫无可宝贵之意义。有无数贫困的人，低能的人、犯罪的人、残废的人，既不能忍抑情欲，又不知避妊方法，其所产生儿女，不得不受种种的困苦，为社会所唾弃。孩童何辜，遭此劫厄，其不人道，不言而喻。为保障未生的优生权起见，吾人应教育一般善男信女，凡不能负养育儿女所定最低责任的人，应实行避妊。

（3）解决世界人口问题　许多世界著名的经济专家说，现在地球上的人口，与土地比较，已有过多现象。这个人口过多，是世界政治及社会纷乱的根本原因。更可怕的，各国明知人口过多的危险，且天天奖励生产，提高人口增高率，以求最后战争的胜利。苟不及早设法，世界战争，是发现不已的，势必人类及其文化沦于灭亡。惟救人类及文化的自杀起见，各国不可不合作解决世界的人口问题，解决这个问题，又必从生产节制入手。

现今生产节制运动，大概有下列工作：

一、提倡以政府法律限制婚姻。

二、宣传生产节制的需要和方法。

三、提倡智育、体育、美育和社交，以转移性欲（to redirect sex impulses）。

四、设立公共机关，用科学方法，施行避妊及绝妊手术。（荷兰国已实行，并有极好成绩。）

五、提倡民族改造，使舆论发展，各国合作，解决人口问题。提倡世界和平。

第十一章　补论

本书付印以后，著者得有一九二八年邮局的一九二六年的人口调查，和山西的第二次及第三次《人口统计》。这两件调查，对于人口问题讨论，虽不精确……尤其是山西的人口报告……甚有参考的价值。

（一）一九二六年邮局人口估计

依中华邮政局估计，一九二三年的中国人口总数，为436,094,953。一九二六年的人口总数，为485,508,838。此三年之中，增加49,413,885人。兹将邮局的一九二三年，及一九二六年人口估计，列表比较如下：（见第三十七表）

第三十七表　依邮局估计一九二三年及一九二六年人口总数表

省名	一九二三年人口总数	一九二六年人口总数
安徽	19,832,665	20,198,840
浙江	22,043,300	24,139,766
直隶	24,186,711	38,905,695
福建	13,157,691	14,329,594

续表

河南	30,831,909	35,289,752
湖南	28,443,279	40,529,988
湖北	27,167,244	28,616,576
甘肃	5,927,997	7,422,818
江西	24,466,800	27,563,410
江苏	33,706,064	34,624,433
广西	12,258,335	12,258,335
广东	37,167,701	36,773,502
贵州	11,114,951	11,291,261
山西	11,080,827	12,153,127
山东	30,803,245	34,375,849
陕西	9,465,558	17,222,571
四川	49,782,810	52,063,606
云南	9,839,180	11,020,591
满洲	22,083,434	24,040,819
新疆	2,519,579	2,688,305
	共 436,094,953	共 485,508,838

三年之中，增加 49,413,885 人；即每千人中，增加 113.3 人。此种增加情态，远出寻常；是否合乎事实，甚是疑问。邮局调查之不精确，本书第二章，已详细说明。纵观现时世界各国，其人口增加率，从未有达 30‰ 的。即北美合众国，在十九世纪初叶，以新辟土地，移民发达，其最高增加率，不及 37。中国、无外来移民，其人口增加率，全靠自然之增加。以中国内乱疾病及饥荒之多，其死亡率必高；死亡率愈高，其人口自然增加率必愈低。今以多灾多病多兵的中国，其人口自然增加率，能与十九世纪初叶地多人少殖民发达之美国的总增加率相

若，事实上是不可能的。又依邮局调查，三年之中，人口增加最速的是陕西省。三年之中，该省人口，增加811‰。——总之论中国的人口，有估计而无统计；估计时，可任人大估小估而已。

（二）山西人口调查

此外山西的人口调查，是一件极有兴趣的事。山西省人口统计，分静态及动态两部分。静态包括人口总数、人口密度、年龄分配、职业分配、婚姻分配，及寄居外国人人数、国籍与职业分配。动态包括婚姻率、婚姻年龄、生产、死亡、移居、承继、失踪、分居等情形。关于此项人口报告材料，其动态各项，以各属户口编查表为根据，仅就民户一部分编纂，其商户与僧道两项，均不在内。寄居外国人一项，根据各道内务统计人口表编列。其动态以各属婚姻、出生、死亡、迁徙、继承、分居、失踪七项登记簿为根据，分类编纂。登记与编查，非有极精密的手续，向多错误；故山西人口报告中结论，许多有不可解释的地方。虽然此项调查，是中国惟一的全省人口调查，甚有历史的价值也。

依山西省第三次人口统计（民国九年分）（注一一六）全省人口总数，为 11,447,257 人或 2,295,674 户。平均每方里（华里）二户，或 9 人；每方英里 126 人。依该统计，山西近年来人口增加率，最不平均。著者本该统计计算，所得结果如下（见第三十八表）：

第三十八表　一九一二年至一九二〇山西人口增加率表

一九一二——一九一三……增 15.5‰
一九一三——一九一四……增 19.1‰
一九一四——一九一五……减 8‰
一九一五——一九一六……增 16.2‰
一九一六——一九一七……增 85.3‰
一九一七——一九一八……减 112.4‰
一九一八——一九一九……增 120.7‰
一九一九——一九二〇……增 5.2‰

何以一九一六——一九一七年的增加率，达85.3；而次年的减少率，达112.4，无从解释。

一九二〇年山西人口中，男子占人口总数56%，女子占44%。其人口性比例为127∶100。其人口中已婚的，占68.82%（男子有36.50% 女子有32.32%；）未婚的占31.18%（男子占12.14，女子占19.04。）其男子人口中，已婚的67%，未婚的占33%。其女子人口中已婚的占72%，未婚的占28%。山西人口一九二〇年的婚姻率，为9‰；其婚姻年龄分配如下：（第三十九表）

第三十九表　山西人口中一九二〇年婚姻年龄百分数

年岁	男子（百分数）	女子（百分数）
十五岁以下	5	13.0
十六至二十岁	36	73.7
二十一至三十岁	41	8.6
三十一至四十岁	31	3.2
四十一至五十岁	3	1.0
五十一岁以上	2	0.5

上表所应注意点，是大多数男子，结婚在十六岁至三〇岁之间，尤以二十一岁至三十岁为最多。而女子大多数在二十以下结

婚了。

依该统计，推算山西人口的生产率和死亡率，最有可疑点：（见第四十表）

第四十表　山西人口生产率死亡率及自然增加率表

年	生产率	死亡率	推算自然增加率	实在增加率
一九一二	24	22	2	
一九一三	32	19	3	15.5
一九一四	33	14	19	19.1
一九一五	44	24	20	−8
一九一六	60	40	20	16.2
一九一七	65	22	33	85.3
一九一八	55	24	31	−112.4
一九一九	13	15	−2	120.7
一九二〇	14	12	2	5.2

这种生产率、死亡率、自然增加率和总增加率，真是一蹋糊涂了！该项统计之不可靠，由此可知。又依统计一九一六及一九一五年，死亡数之高，系赤痢及伤寒症流行所致。一九二〇年死人最多的为三月，生孩最多的为十月；山西人平均年龄为三十九。

山西人口中，年龄分配，大致如下：（见第四十一表）

第四十一表　山西人口年龄分配百分数

年岁	男	女	总
十五岁以下	13.1	13.7	26.8
十六至五十	29.4	21.9	51.3
五十一岁以上	13.1	8.8	21.9

依非博尔（Whipple）的公式（注一一七），山西人口，少年老年共约一半，壮年人口约占一半。这便是稳定的人口。其详细

分配，见第十六图[①]：

山西人口中最有趣的一件事，就是职业的分配。其人口中业农的，占 52.6%，次为商，又次为杂业。人口中无职业的，只 3.5%，山西人算是极勤劳的民族了。见第四十二表：

第四十二表　一九二〇年山西人口职业分配表

农	52.6
商	12.5
杂业	7.5
劳力	7.2
专门职业	6.7
工业与矿工	4.2
官吏	0.2
无职业	3.5
未明	5.6

---

① 似作者笔误，本书中并无"第十六图"。——编辑注

旁注号数

（一）孙文，《民族主义》，二〇——二一页。
（二）同上，二四——二五页。
（三）第二派人以曾在中国观察的外国人为多，见 E. A. Ross, *The Changing Chinese*; W. H. Mallory, *China, Land of Famine*; Ellsworth Huntington, *Civilization and Climate*; W. W. Rockhill, "An Inquiry into the Population of China" in *The Annual Report of the Board of Regents of the Smithonian Institute*, 1903-1904.
（四）即二、四、八、十六、三十二，由此类推。
（五）即一，二，三，四，五，由此类推。
（六）见萧纯锦，"人口与经济问题"载在《社会学杂志》，第二卷第四号。
（七）见 W. W. Rockhill 论文。
（八）见陈启修，"中国人口的总数"载在《社会科学季刊》，第三卷第四号。
（九）同上。
（一〇）Chen Chang-heng, "Changes in the Growth of China's Population in the Last 182 Years" in *Chinese Economic Journal*, January, 1927.
（一一）*China, a Commercial and Industrial Handbook*, p, 1.
（一二）同注一〇。
（一三）增加率，指每千人口在每年中所增加人数。计算增加率最浅显公式如下：
$$增加率 = \frac{人口增加总数}{人口总数} \times 1000$$
（一四）见注一〇。
（一五）Harold Cox, *The Problem of Population*, p, 16, quoting from *Census of*

1921, Table I, p, 1.

（一六）Louis I. Dublin, *Population Problems*, p, 23.

（一七）见英文一九二七年《日本年鉴》。

（一八）G. H. Gnibbs, "The Mathematical Theory of Population", etc. in *Census Commonwealth Anstralia*, Appendix A. Vol. I, Melbourne: McCarron Bird, 1917.

（一九）生产率为每千人每年所生孩数。其简单计算方法为：

$$生产率 = \frac{生产数}{人口数} \times 1000$$

（二〇）死亡率为每千人每年死亡人数，其简单计法为：

$$死亡率 = \frac{死亡数}{人口数} \times 1000$$

（二一）人口增加总数公式：

$$人口增加总数 = (生产总数 - 死亡总数) + 移\genfrac{}{}{0pt}{}{入(+)}{出(-)}总数$$

（二二）R. Pearl and M. H. Burger, "The Vital Index of the Population of England and Wales 1838-1920", *Proceedings of the National Academy of Sciences*, 8:71-76, 1912.

（二三）除中国的估计外，余取自一九二六年英文《世界年鉴》。

（二四）除中国的估计外，余取自一九二六年英文《世界年鉴》。

（二五）取自一九二七年英文《日本年鉴》。

（二六）Malone & Taylor, "The Study of Chinese Rural Economy" in *Publications of the China International Famine Relief Commission*, Series B. No. 10.

（二七）作者对此数，有疑问。

（二八）(a) 系一九二二年调查，(b) 系一九二一年调查，两数相差，如此之大。可知在同一县内，人口密度，已极不平均。

（二九）"广东番禺河南岛五十七村乡村调查报告"东南大学《教育科丛书》。

（三〇）金陵大学农林科《农业丛书》第八号。

（三一）J. L. Buck, "An Economic and Social Survey of 159 Farms, Yen Shan County, Chihli Province, China", *Bulletin No.* 13, Publications of the University of Nanking, College of Agriculture and Forestry.

（三二）见 Malone and Taylor 论文。

（三三）见《晨报副刊》，中华民国十五年六月二十九日。
（三四）见《晨报副刊》，中华民国十五年六月二十九日。
（三五）一九二六英文《世界年鉴》。
（三六）一九二七英文《日本年鉴》。
（三七）《论中国卫生之切要》，十五年四月印行。
（三八）流产（still birth）指生产时，而孩子已死的。见 S. D. Gamble, *Peking, A Social Survey*, Chs. 5-6.
（三九）*China Journal of Sciences and Arts* Vol. II, No. 5.
（四〇）人口存余率（survival rate）或自然增加率（rate of natural increase）即某人口生产率，减去其死亡率所得数目，其公式如下：

生产率 − 死亡率 ＝ 人口存余率

（四一）Kulp II, *Country Life in South China*, p, 32.
（四二）Ross, *The Changing Chinese*, pp, 130, 109-119.
（四三）East, *Mankind at the Crossroads*, p, 95.
（四四）*Statistical Abstracts for British India for* 1921 and 1925, p, 204; also Whittakers' *Almanac*, 1925.
（四五）日本统计取自一九二七年英文《日本年鉴》，美国统计取自一九二六年英文《世界年鉴》，余取自一九二七年英文《欧洲年鉴》。
（四六）同上。
（四七）参看陈长蘅，《中国人口论》，第四章，黎世蘅，《历代户口通论》第六编。
（四八）黄子方，"中国卫生刍议"载在《社会学界》第一卷。
（四九）See W. H. Mallory, *China, Land of Famines*.
（五〇）*History of China*, p, 575.
（五一）*China*, p, 190.
（五二）同注四八。
（五三）一九二七年英文《日本年鉴》。
（五四）同注四八。
（五五）张君俊，《东方民族改造论》。
（五六）J. W. Glover, *United States Life Tables*, Bur. of Census, 1921.

（五七）关于中国人口中之种族结构，现无精确调查。
（五八）见 The China Journal of Sciences and Arts, Vol. II, No. 5.
（五九）同上。
（六〇）同上。
（六一）见 Gamble, *Peking, A Social Survey*, Ch. V.
（六二）同注五九。
（六三）金陵大学农林科《农业丛刊》第八号。
（六四）*Country Life in South China*, p, 35.
（六五）Malone and Taylor 论文。
（六六）例如卜克氏直隶盐山的调查，所得人口性比例为 94.4；见金陵大学农林科《农业丛刊》第十三号。
（六七）见《社会学杂志》，第二卷，第四期。
（六八）此与 Whipple 比较稍有不同；见 G. C. Whipple, *Vital Statistics*，p, 189.
（六九）中国岁比西洋岁，照例大一年至二年。因依中国习惯，每经过一历年头，则增加一岁。在西洋必满十二个月为一岁，例如 A 君是阴历十二月二十五日生的，到了翌年正月初一，即算一岁。依外国习惯，必到次年的十二月二十五日为一岁。因此统计时"误值"（probable error）不小。
（七〇）见 Malone and Taylor 调查。
（七一）同上。
（七二）即 Buck 调查。
（七三）即 Gamble and Burgess 调查。
（七四）百分率特小原因：(一) 查户口时，很多的小孩，没有登记。(二) 寄居北京的官僚学生，因独居京不带家室，使北京小孩百分数减低，而中年人百分数加多。
（七五）*Peking, A Social Survey*, p, 500.
（七六）*Ibid*, Ch. V.
（七七）Malone and Taylor, *op. cit.* p, 9.
（七八）金陵大学农林科，《农业丛刊》第十三号。

（七九）同注七六。

（八〇）这个分别，作者依中国习惯而定的。此外因传染病、残废、犯法等不宜于婚姻的，未算在内。

（八一）同注八〇。[①]

（八二）依一九一〇调查，美国已婚男子占男子总数 42%，已婚女子占女子总数 47%。

（八三）见注八三。[②]

（八四）比北京人口相等的美国城市，依一九一〇年调查，十五岁以上的男子凡未婚的占 38.3% 至 44.9%；女子中未婚的为 30.3% 至 40%。

（八五）见注八五。[③]

（八六）Kulp II's *Country Life in South China.*

（八七）见《清华学报》第一卷第二期。

（八八）见 C. V. Drysdale, *The Small Family System*, p, 51.

（八九）一九二六年英文《世界年鉴》。

（九〇）一九二七年英文《欧洲年鉴》。

（九一）见 Gamble 及 Kulp II 等书。

（九二）Thomas T. Read, in *The Atlantic Monthly*, March, 1927.

（九三）Julian Arnold, "China's Fundamental Problem from the Economic Point of View" 一九二七年十一月十二日在燕京大学讲词，不久由上海商务印书馆出版。

（九四）一九二〇年统计取自一九二六年英文《世界年鉴》。

（九五）包括官 1.9% 及专门业 5.2%。

（九六）包括交通 7.4%，商业 10.2%，书记等职 7.5%。

（九七）包括矿工 2.6%，制造工业 30.8%。

（九八）一九二七年英文《欧洲年鉴》。

　　[①] 此处应为第 65 页"北京 1200 人调查"数据出处，疑似作者笔误。——编辑注

　　[②] 疑似作者笔误。——编辑注

　　[③] 同上。——编辑注

（九九）C. F. Remer, *Readings in Economics for China*, p, 209.

（一〇〇）《中外经济周刊》第二二五号，一一——一〇页。

（一〇一）同上。

（一〇二）Ta Chen, *Chinese Migrations, with Special Reference to Labor Conditions*, 1923.

（一〇三）见第一回《中国年鉴》。

（一〇四）见《社会学杂志》第二卷第四号。

（一〇五）见第一回《中国年鉴》

（一〇六）见 Ta Chen, *Chinese Migrations.*

（一〇七）见《社会学杂志》第二卷第四号。

（一〇八）见《中外经济周刊》第二二三号，一一——一〇页。

（一〇九）见张君俊《东方民族改造论》。

（一一〇）见梁漱溟《东西文化及其哲学》。

（一一一）E. L. Terman, *The Efficiency of Elementary Schools in China*, Part II, Section VII；张君俊，《东方民族改造论》。

（一一二）East, *Mankind at the Crossroads*, Ch. XII.

（一一三）关于其他办法的详细办法，参看作者之《中国社会问题》。

（一一四）见《社会学杂志》第二卷第四期。

（一一五）《社会学界》第一卷。

（一一六）山西省长公署统计处编纂民国十一年七月刊行。

（一一七）见本书第二十四表。

关于人口问题参考材料

（一）书籍

张君俊:《东方民族改造论》 上海国学社出版
陈长蘅:《中国人口论》 商务印书馆出版
英国柯克斯著武堉幹译:《人口问题》 商务印书馆出版
吴应图:《人口问题》 中华书局出版
冯　锐:《广东番禺海南岛五十七乡村调查报告》 东南大学教育科丛书
黎世蘅:《历代户口通论》 上海世界书局印行
孙　文:《三民主义》 上海民智书局印行
农商部总务厅统计科编:《第六次农商统计表》 民国九年八月刊
山西省长公署统计处:《山西省人口统计》 民国七年份起
Arnold, Julian: *China, A Commercial Handbook*, Washington, Government Printing Office, 1926.
Beyer, H. O.: *Population of the Philippine Islands in 1916*, Manila, Philippine Education Co., Inc., 1917.
Bonar, J.: *Malthus and His Work*, New York, The MacMillan Co., 1885.
Buck, J. L.: *An Economic and Social Survey of 150 Farms, Yen Shan County, Chihli Province, China*, in Publication of the University of Nanking, College of Agriculture and Forestry, Bulletin No. 13.
Burn, J.: *Vital Statistics Explained*, London, Constable & Co., 1914.

Carr, Saunders, A. M.: *Population*, London, Oxford University Press, 1925.

Chen Ta: *China Migrations with Special References to Labor Conditions*, Washington D. C. , U. S. Bureau of Labor Statistics, 1923.

China Continuation Committee: *The Christian Occupation of China*, Shanghai, 1922.

Commonwealth of Massachusetts: *Annual Registration of Births, Marriages and Deaths.*

Cox, Harold: *The Problem of Population*, London, Jonathan Cape, 1922.

Dublin, Louis I.: *Population Problems*, New York, Houghton Mifflin Co. , 1926.

Dublin, Louis I. , Kopf, Edwin W. , & Van Buren, George H.: *Mortality Statistics of Insured Wage Earners and Their Families*, New York, Metropolitan Life Insurance Company, 1919.

East, Edward M.: *Mankind at the Crossroads*, New York, Charles Scribner's Sons, 1925.

Falk, I. S.: *The Principles of Vital Statistics*, Philadelphia, W. B. Saunders Company, 1923.

Fry, O. Luther: *A Census Analysis of American Villages*, New York Institute of Social and Religious Research, 1925.

Gamble, S. D.: *Peking A Social Survey*, New York, George H. Doran Company, 1921.

Glover, J. W.: *United, States Life Tables*, Washington, D. C. , Bureau of Census, 1921.

Huntington, Allsworth: *Civilization and Climate*, Yale University Press, 1924.

Kulp II, Daniel H.: *Country Life in South China*, New York City, Bureau of Publications, Teachers College, Columbia University, 1925.

Mallory, W. H.: *China Land of Famine*, New York, American Geographical Society, 1926.

Malone and Taylor: *The Study of Chinese Rural Economy*, in the Publications of the China International Famine Relief Commission, Series B, No. 10.

Malthus, T. R.: *Essay on the Principles of Population*, Eighth Edition, London, 1878.

Mayo-Smith, Richmond: *Statistics and Economics*, New York, The MacMillan Company, 1899.

Mayo-Smith, Richmond: *Statistcs and Sociology*, New York, The MacMillan Company, 1899.

Sir Leo Ghiozza Money: *The Peril of the White*, London, W. Colline Sons & Co. Ltd., 1925.

Newshohne, A.: *The Elements of Vital Statistics*, London, Swan Sonnens Chein & Co., 1899.

Newshohne, A.: *The Decline Birth Rate*, New York, Maffat, Yard, & Co., 1914.

Nihi, F. S.: *Population and the Social System*, London, Swan Sonnens Chein & Co., 1894.

Remer, G. F.: *Readings in Economics for China*, Shanghai, The Commercial Press, 1922.

Reuter, E. B.: *Population Problems*, Phil., J. B. Lippincott Co., 1923.

Ross, E. A.: *The Changing Chinese*, New York, Century Co., 1911.

Ross, E. A.: *The Social Trend*, N. Y., The Century Co., 1922.

Ross, E. A.: *The Standing Room Only.*, N. Y., The Century Co., 1927.

Thompson, W. S.: *Population: A Study in Malthusianism*, New York, Columbia University Press, 1915.

U. S. Bureau of Census: *1920 Census.*

Ursher, R.: *Neo-Malthusianism*, London, Giblings & Co., 1898.

Wright, Harold: *Population*, London, Nisbet & Co. Ltd., 1923.

The Europa Year-book, London, Europa Publishing Co.

The Japan Year-book, Tokyo, The Japan Year-book Office.

The World's Almanac, Published by the New York World.

（二）杂志论文

余天休："殖边问题"在《社会学杂志》一卷，五号，（民国十二年）。

余天休，余文铣："中国人口问题之解决"在《社会学杂志》一卷，五号，

（民国十二年）。

萧纯锦："人口与经济问题"在《社会学杂志》二卷，四号，（民国十四年）。

黎世蘅："论中国民数"在《社会学季刊》，三卷，一号，（民国十三年）。

陈启修："中国人口的总数"在《社会科学季刊》，三卷，四号，（民国十四年）。

陆世益："兵工计划大纲"在《东方杂志》二十卷，四号，（民国十二年）。

丏　尊："马尔塞斯的中国人口论"在《东方杂志》，二十卷，十二号，（民国十二年）。

次　行："关于我国人口之调查研究"在《东方杂志》，二十一卷，四号，（民国十三年）。

周光煦："法国人口问题之现在与将来"在《东方杂志》，二十一卷，十一号，（民国十三年）。

刘秉麟："欧战后之人口问题"在《东方杂志》，二十一卷，十四号，（民国十三年）。

张慰慈："世界人口与粮食问题"在《东方杂志》，二十二卷，二十号，（民国十四年）。

彭家元："中国边地之现况与移民"在《东方杂志》，二十二卷，六号，（民国十四年）。

竺可桢："论江浙两省人口之密度"在《东方杂志》，二十三卷，一号，（民国十五年）。

张荫麟："洪亮吉及其人口论"在《东方杂志》，二十三卷，二号，（民国十五年）。

罗宕顺："高生产率的中国人口问题与民族前途"在《东方杂志》，二十三卷，三号，（民国十五年）。

李长傅："中国殖民南洋小史"在《东方杂志》，二十三卷，五号，（民国十五年）。

王世杰："国际移民问题"在《东方杂志》，二十三卷，五号，（民国十五年）。

许仕廉："民族主义下的人口问题"在《东方杂志》，二十三卷，十六号，（民国十五年）。

陶孟和："世界人口之将来"在《东方杂志》，二十四卷，六号，（民国十六年）。

陈长蘅："中国近百八十余年人口增加之徐速及今后调剂之方法"在《东方杂志》，二十四卷，十八号，（民国十六年）。

王玉章："菲尼基通商殖民史"在《史地学报》，一卷，一期，（民国十一年）。

胡焕庸："日本之海上政策与殖民政策"在《史地学报》，一卷，三期，（民国十一年）。

王庸译："世界人口问题"在《史地学报》，三卷，三期，（民国十三年）。

王庸译："中国人口之最近调查"在《史地学报》，三卷，三期，（民国十三年）。

王庸译："北京历年人口统计"在《史地学报》，三卷，四期，（民国十三年）。

王庸译："各洲主要国家之居民密度"在《史地学报》，三卷，五期，（民国十四年）。

王庸译："世界人口密度与移民趋势"在《史地学报》，三卷，五期，（民国十四年）。

王庸译："南洋群岛人口总数及华侨所占人口数"在《史地学报》，三卷，六期，（民国十四年）。

王庸译："世界各大城市人口比较表"在《史地学报》，三卷，七期，（民国十四年）。

义　腾："满洲经营"在《民铎》，一卷，三号，（民国六年）。

剑　虹："满族开拓满洲史"在《民铎》，一卷，三号，（民国六年）。

易君左："中国人口问题"在《民铎》，四卷，二号，（民国十二年）。

之　奇："人口问题"在《太平洋》，一卷，五期，（民国七年）。

范子美："人口之关系与其趋势"在《青年进步》，十卷，六号，（民国十五年）。

粟显运："殖边问题"在《新民国》，一卷，四号，（民国十三年）。

蓝公武："废兵论"在《改造》，二卷，二号，（民国九年）。

孟　明："人口问题与医学"在《新青年》，一卷，六号，（民国十五年）。

Rockhill, W. W.: "An Inquiry into the Population of China," in the *Annual Report of the Board of Regents of the of the Smithonian Institute*, 1903-1904.

Gibbs, G. H.: "The Mathematical Theory of Population, " in *The Census Commonwealth Australia*, Appendix A Vol. I, Melbourne: McCarron Bird, 1917.

Morgan, E.: "The Law of Population, " in the *Chinese Recorder*, Vol. LI, No. 8 (1920).

Pearl, R. and Burger, M. H.: "The Vital Index of Population of England and Wales 1838-1920, " in the *Proceedings of* the National Academy of Sciences 8: 71-76, 1922.

Palmer, Morgan: "Colonizing in Manchuria, " in *Millard's Review*, Vol. 30, No. 9 (1924).

Oppenheim, F.: "Birth and Death Ratios of the Chinese, " in *The China Journal of Arts and Sciences*, Vol. II, No. 5.

Roxby, P. M.: "The Distribution of Population in China: Economic and Political Significance, " in the *Geographical Review*, Vol. 15, 1925.

Chen Cheng-heng: "Changes in the Growth of China's Population in the Last 182 Years, " in *The Chinese Economic Journal*, Jan. 1927.

Patterson, F. M.: "Europe in 1927, " Chapter I, The Growth of Population, *The Annals*, American Academy of Political and Social Sciences, Nov. 1927.

Duncan, Hannibal G.: "The Changing Concepts of Population, " in *The Publications of the American Sociological Society*, Vol. XXI, 1927.

图书在版编目(CIP)数据

中国人口问题/许仕廉著.—北京:商务印书馆,2022
(百年中国社会学丛书)
ISBN 978-7-100-21456-8

Ⅰ.①中… Ⅱ.①许… Ⅲ.①人口—问题—研究—中国—民国 Ⅳ.①C924.24

中国版本图书馆 CIP 数据核字(2022)第 126530 号

权利保留,侵权必究。

百年中国社会学丛书
中国人口问题
许仕廉 著

商 务 印 书 馆 出 版
(北京王府井大街 36 号 邮政编码 100710)
商 务 印 书 馆 发 行
北 京 冠 中 印 刷 厂 印 刷
ISBN 978-7-100-21456-8

2022 年 9 月第 1 版　　开本 880×1240　1/32
2022 年 9 月北京第 1 次印刷　印张 4⅝
定价:39.00 元